新潮文庫

日本の聖域
ザ・タブー

「選択」編集部編

新潮社版

10621

アンタッチャブルな「聖域」に挑む

月刊誌「選択」編集長　湯浅次郎

「知る権利」が危うい。

世界のジャーナリストらが参加する国際非政府組織（NGO）「国境なき記者団」（本部パリ）が、二〇一四年二月に発表した「報道の自由度ランキング」は、我が国にとって衝撃的な内容だった。これによると、日本の報道の自由度は百八十カ国中、五十九位。日本より下位に、先進国と呼べる国は一つもない。マフィアが跋扈《ばっこ》し、首相が主要メディアのオーナーを兼ねたりもするイタリア（四十九位）よりも、日本では「報道の自由」が認められていないというのだから、驚くほかない。それはすなわち、国民の知る権利が抑圧されているというのと同義だ。

理由は何か。ランキングのリポートでは、ナショナリズムの高揚を担《にな》い特権を享受《きょうじゅ》する記者クラブ制度を槍玉《やりだま》に挙げている。また、東京電力福島第一原子力発電所の事故をめぐる報道も、各国記者の眼からは不透明でいかがわしく映るという。国会をするりと通り抜けた特定秘密保護法の成立も、危惧《きぐ》の念を抱かせるところとなった。

いや、それだけではない。政治家や大企業、宗教団体などによる恫喝《どうかつ》訴訟と、それに怯《おび》えるメディアの自粛も酷《ひど》いものだ。スキャンダルや不都合な真実を暴《あば》かれた権力者が、さらなる事実の追及を阻止するため、高額賠償請求でメディアを脅す「スラップ訴訟」は、日本でも増えてきた。提訴する側の品格と良心に問題があるのは言うまでもないが、同時に「面倒はご免」と頬かむりをして口をつぐむメディアもいかがなものか。

新聞、テレビ、雑誌には「クライアントタブー」というのもある。多額の広告料を収めるスポンサー企業に対しては、批判はご法度《はっと》。まさに「特定企業保護報道」である。民放テレビは宣伝まがいのニュースを垂れ流し、新聞の企業欄はゴマすり記事で溢《あふ》れる始末だ。

気づけばこの国は、タブーだらけになってしまった。本当のことが知りたい、という市民の欲求はないがしろにされる一方だ。書かれる側は言論封殺に努め、書く側は報道自粛に恥ずるところがない。

本書は、こうした風潮に逆行し、日本の各所に点在するアンタッチャブルな「聖域」にメスを入れることを目的として書かれたものである。月刊の総合情報誌「選択」の連載記事、二〇一二年五月号からの二十五号分を、この一冊に収めた。単行本のシリーズは、これで三冊目となる。

元になった雑誌の連載「日本のサンクチュアリ」の方針ははっきりしている。新聞が書けないことを書く。大手メディアが触れたがらないテーマを手掛ける。これが基本だ。

例えば「公安警察」などは、記者クラブ依存の新聞・テレビは避けて触れない対象だろう。「トクホ（特定保健用食品）の闇《やみ》」は、大広告主が怒り心頭に発するクライアントタブーの典型だ。メディアが日頃から世話になっている広告代理店・電通を「スポーツマフィア」と咎《とが》められるのも「選択」くらいだろう。「選択」は広告料に依存した出版社経営をしていない。自主独立の資本によって発行されている月刊誌ゆえに、広告代理店などに憚《はばか》ることなく内実を暴ける。

本書を通じて、普段報道されることのない、薄汚い「聖域」の実態をご承知いただければ幸いである。

「知る権利」は脆《もろ》い。伝える側が保身と利得への欲を捨てなければ、この世は秘密だらけになる。それはいつか辿《たど》った道だ。聖域打破への努力を怠れば、報道の自由度で、今よりランクを下げていくことになる。そんな国に、未来はない。

*

この文庫本が街の書店に並ぶ頃、月刊誌「選択」は、通算五〇〇号の節目を超えているでしょう。当たり前のことですが、ここまでたどり着くのに、四十二年近い月日がかかりました。この文庫本の元になった「選択」の連載「日本のサンクチュアリ」は、創刊以来続く名物記事として、購読者から長く支持されてきたものです。

五〇〇号まで積み重ねられた主な理由は二つあります。

①たくさん売ろうとしないこと
②広告に依存しないこと

「選択」は本屋では売っていない、妙な雑誌です。キャッチフレーズは「三万人のための情報誌」。政治、経済、国際情勢が中心の硬い雑誌ですから、必要とする方は概《おおむ》ね三万人前後であろうと見積もって、このフレーズが考案されました。何十万部も売ろうとすると、大衆世論に迎合せねばならず、最大公約数的な内容になってしまいかねません。マスにウケなくてもいい、と腹を括《くく》ることで思い切った誌面作りができるのです。

そんな小誌の広告収入は、総売り上げに対して、およそ三%。現在は表紙回りの三ページにだけ、広告を掲載しています。いざとなったら広告ゼロでもやっていける経営状況を保つことで、制約のない誌面作りを実現しています。これが独立資本の小出版社でも「長生き」できる逆説的な秘訣《ひけつ》なのです。

単行本のまえがきで指摘したとおり、「報道の自由度ランキング」での日本の順位は、ジリジリ下がっています。二〇一五年度は六十一位、一六年度は七十二位。我が国が抱える「タブー」に切り込む自由をもった報道機関が、年々減っている――、海外の目にはそう映るのでしょう。

一番の問題は、日本メディア界に蔓延《まんえん》する自主規制です。萎縮を配慮と言い換えて、伝えない道を安易に選んでしまうから、タブーがどんどん増殖するのでしょう。

せめて風変りな雑誌「選択」は、この傾向に抗《あらが》っていきたいものです。売ろうとしない、儲《もう》けようとしない。自由を謳歌《おうか》して、タブーを認めない姿勢を続けていく。この文庫本はそんな決意の表れの一つと受けとめていただければ幸いです。

目次

第二部　不義と不正の巣窟

日本の聖域《サンクチュアリ》　ザ・タブー

※本文中の数字・肩書きについては、一部をのぞき単行本当時のままとした。
※文中一部敬称略

第一部

この国の深淵《しんえん》をのぞく

理化学研究所

利権にまみれた「科学者の楽園」

「昔の理研は研究者にとって理想の場所だった。でもいつからか、どろどろとした利権まみれの組織に変わってしまった」

理化学研究所に籍を置いたこともある国立大学の元教授はこう振り返り、STAP細胞問題で揺れる古巣について、「今回の杜撰《ずさん》な論文の問題とは別に、理研の在り方を問うべきだ」と語る。「日本で唯一《ゆいいつ》の自然科学の総合研究所」と謳《うた》う理研は、戦前から現在に至るまで、その形態を変えながらも常に時代の先端を走ってきた。しかし、近年は文部科学省の利権装置として機能するばかりか、官僚ならぬ「学僚」ともいうべき政治に精を出す研究者が跋扈《ばっこ》している。

旧科学技術庁官僚の利権

「リケンは科技庁のリケン」。文科省関係者は「駄洒落《だじゃれ》じゃない」と断ったうえでこう語る。旧文部省と旧科学技術庁が統合したのが二〇〇一年。それ以前に科技庁によって採用されたキャリア官僚は、原子力と宇宙開発など我が国の科学研究に巣食ってきた。

同庁は縄張りとして、宇宙航空研究開発機構（JAXA）や日本原子力研究開発機構（いずれも現在の名称）など外部の研究機関を保有していた。原子力、宇宙開発以外の筆頭研究機関が理研だ。

国からの予算として配分される運営費交付金は五百八十一億円（一二年度）に上る。これを国立大学と比較すると、二位の京都大学（六百億円）に並ぶ規模だ。さらに、スーパーコンピューター「京《けい》」や、大型放射光施設への補助金が二百四十六億円加わる。埼玉県和光市の本部を中心に、つくば、横浜、神戸などに拠点を構え、職員の数は三千四百人近く。交付金の規模が同程度である京都大学の職員数は約五千四百人だ。

「理研は潤沢な研究費を使う割に大した成果を上げていない」

関西の国立大学教授はこう語る。科学研究における「成果」の評価は難しいが、理研には明らかに見劣りする分野もあるという。

「生物・生命系のラボは横浜も神戸もめぼしい研究成果がないことは、業界では知られた事実」

理研関係者の一人はこう語ったうえで、「官僚や研究者の間で利権分配が行われ、無駄な予算が使われている」と批判する。

この関係者が「諸悪の根源」と語るのは、文科省からのOBや出向職員だ。民主党政権時代の〇九年、理研が事業仕分け（行政刷新会議）の対象となった。スパコン「京」の開発を巡り、民主党議員が「二位じゃだめなんですか」と発言し物議を醸《かも》したことは記憶に新しい。その際、文科省の天下り理事の存在が問題となり、その後「天下り理事」はゼロという説明をしている。しかし実際には、米倉実と坪井裕という文科省出身理事が在籍している。両者ともに科技庁採用でさまざまなポストを渡り歩いた後、「退職（役員出向）」という立場で理研に籍を置いている。これは、書類上は出向扱いにすることでいわゆる「天下り」ではないとする姑息《こそく》な手段だ。彼らの年収は一千五百万円を超える。これ以外にも、OBや現役出向者は「三十人ほど」（前出理研関係者）いる。一四年四月一日から本省に復帰した加藤孝男は、それまで横浜研究所の所長の座に就いていた。このポストは「科技庁用に使われる椅子《いす》」（同前）だという。研究機関にもかかわらず、事務方がトップに就くという、まさに出先機関と化している。最大の問題は「予算を握る彼らが絶大な発言力を持つことで理研全体が官僚組織化してしまうこと」（理研OB）だ。

官僚とそれに感化された研究者は、露骨な利益誘導も行う。民主党の事業仕分けで槍玉《やりだま》に挙げられた天下り会社との取引は今も続いている。東京・日本橋に本社を置く「サイエンス・サービス（SS）」。人材派遣業をおもな事業としており、社長の伊集院宗昭は、科技庁で放射性廃棄物規制室長などを務めた後に、日本海洋科学振興財団から理研への「渡り」を行った元官僚だ。SS社は理研の研究室や、事務職で働く人材を派遣しており、当時、一社入札で多くの仕事を理研から受注していた。仕分け以降、他の派遣会社が参入することでシェアを落とし、売り上げは半減し年間七億円程度。しかし、他の役員二人も理研OBである同社の一三年三月期決算は、五千万円の黒字。「かつてほどのボロ儲《もう》けはできないが、天下り先としては恵まれたほうだ」（前出文科省関係者）という。

成功しない特許ビジネス

同じく、科技庁OBがトップを務める「スプリングエイトサービス（SES）」は、その名の通り理研播磨《はりま》事業所が持つ大型放射光施設「SPring-8」の業務を委託するために設立された。放射光施設での実験などを担《にな》う特殊な会社であるため、代替企業がなく二〇一三年度も総額十億円を超える業務を理研から受注している。ズブズブの関係であるにもかかわらず、理研はSESが利害関係のある取引先であることを公表していない。国が定める基準では、企業の売り上げの三分の一以上を独立行政法人との取引が占める場合に公開を求めているが、SESの売り上げのうち理研からの受注が占める割合はそれを下回っているからだ。実はSESは、物質・材料研究機構がSPring-8に持つ研究施設の保守業務や、原子力研究開発機構の業務を請け負い、三十億円を超える売り上げを誇るのだ。当然ながら、これらも文科省の天下り機関である。

SESの受注は競争入札の体裁はとっているが、実際には「一社応札」であることが多い。SESと同様の組織を理研内部で作り、外注をやめてもよさそうなものだが、それでは天下り先がなくなってしまうのだろう。

より露骨なのはSPring－8の運転業務を受注している公益財団法人の「高輝度光科学研究センター」だ。同センターは毎年理研から四十億円以上の業務を受注し、そのうち三十七億円（一三年度）分が一社応札だった。この財団の専務理事には理研OBが天下っているほか、常務理事は理研OBですらない文科省出身者だ。同センターの規程によれば、両理事はそれぞれ月額七十五万から九十万円の報酬を受け取っている。

理研を使った新たなビジネスにも官僚OBが絡《から》んでいる。一三年六月、「理研イノベーションキャピタル」という投資ファンド会社が設立された。銀行などから五十億円規模の資金を調達し、理研が持つ知的財産を活用したビジネスに投資しようというファンドだ。

会長には元東京大学総長として知られ、理研理事長も務めたことのある有馬朗人《あきと》が就いているが、事実上のトップである代表取締役社長は大熊健司だ。大熊は、東大法学部を卒業後、科技庁に入りキャリアの最後は理研で終えた典型的な官僚だ。事業仕分け当時の理研理事を務めており、その後天下り批判をかわすために横浜研究所所長に横滑りした強《したた》かな人物である。今回は一般社団法人の「理研支援基金」などから資本金の八百万円を集めて、ビジネスに乗り出した。

「理研のビジネス下手は有名。今回もあまりうまくいかないのではないか」

こう語るのは、研究機関の特許ビジネスに関わる都内の弁理士だ。近年、大学などの研究機関が持つ特許を、企業に売却したり直接ベンチャー企業を立ち上げるビジネスが注目されていることは周知の通り。有名なところでは、「東京大学TLO」や「関西TLO」といったエージェントが、研究機関と企業の仲立ちを行っている。

理研はかねて特許ビジネスに手を出しているが、「成功したものはほとんどない」(前出弁理士)という。理研発ベンチャーとして、工学、情報、バイオなど二十社くらいが存在するが、研究者が直接商売しても売れないのが実情だ。同弁理士はこう解説する。

「所詮《しょせん》は、官僚や研究者の商法。特許はとれてもライセンシーがうまくないため軌道に乗らない」

かつて「科学者の楽園」と呼ばれた理研はいつからこのような状態になったのか。歴史をさかのぼると、理研は約百年前、一九一七年(大正六年)に皇室の下賜金《かしきん》や政府の補助金により設立され、三代目所長大河内正敏の時代に飛躍する。大学に似た研究室制度を導入するとともに、研究開発を積極的にビジネスに結びつけたのだ。「理研財閥」ともいうべき企業群の名残は、現在のリコー（旧理研光学工業）などにみられる。

戦時中、陸軍の命を受け原子爆弾開発に取り組んだことが有名だが、戦後、GHQにより解体される。一時期民間企業としてほそぼそと存続した後、五八年に改めて特殊法人理化学研究所として復活した。

企業と結託する研究者

一九七〇年～八〇年代までは冒頭の元教授が懐《なつ》かしむような理想の場所だったが、変化しはじめたのは「昭和から平成に移り変わる前後」（全国紙科学部OB）だ。九一年に理研はSPring‐8の建設に着手した。総額一千二百億円をかける巨大プロジェクトにより、「利権が拡大し、装置産業との結びつきが強くなった」（同前）という。

事業仕分けで槍玉に挙げられたスパコン「京」についても同様のことがいえる。最終的に「京」は完成したが、費用は一千百二十億円に上った。参考のために他国のスパコンを見ると、「京」完成の翌年に性能一位の座を奪った米国国家核安全保障局

（ＮＮＳＡ）の「セコイア」は二百億円程度で完成したという。日本のスパコンは常に他国よりも「一ケタ高い」（コンピューター研究者）のだ。

この無駄を無視する形で「二位じゃだめなんですか」という発言だけが取り上げられたのは「理研の作戦勝ち」（全国紙科学部記者）だった。理事長の野依良治《のよりりょうじ》を筆頭とするノーベル賞受賞者を動員した反対声明によりメディアを動かし、「京」は生き残った。「京」の開発には、当初計画に参加していたＮＥＣの技術者が理研研究員として入っており、「日本のコンピューター産業を延命させるための公共事業」（同前）に過ぎなかった。

こうした関係はいまだに脈々と続いている。前述した通り、理研の調達では限定的な発注が多く、受注企業との共同開発という側面もあるため、研究者と企業の距離が極めて近い。結果として、随意契約も多く、競争入札でさえも普通であれば談合が疑われるような高落札率がみられる。一例を挙げれば二〇一三年、播磨事業所が発注した中で最高額（予定価格約十九億二千万円）の機械設備工事は、日立製作所と三菱重工業などの共同企業体（ＪＶ）が落札したが、落札率は九九・八％だった。まるで予定価格を知っていたかのような数字である。

研究者への疑惑はほかにもある。西日本の大学で生物学の研究を行う研究者はこう指摘する。

「理研の年度末の発注は、予算消化のための無駄な調達だろう」

理研が公開している調達情報をみると、どの研究所も年度初めの四月一日付で大量の契約がある。その後調達件数は少なくなり、年が明けた一月から増加する傾向が見受けられる。この研究者は、そうした年度末近くの発注の中でも「カメラやモニターなど機器類は予算消化のための疑いが濃い」と語る。

「理研のラボの多くは研究費を使いきれないために、必要以上に機器を買い替える」

多くの大学研究室が少ない研究費に汲々《きゅうきゅう》とする中で、こうした無駄まではびこっているのだ。業者との密接な関係が、不正を生む土壌になることは、他の科学研究費不正事件をみても明らかだ。

「特定国立研究開発法人」のために躍起

理研は過去に研究費不正を度々起こしている。二〇〇四年には五百万円余りの不正流用がみつかり、〇九年には架空発注で一千万円以上の研究費詐取《さしゅ》が明るみに出た。研究室で使用するビーカーなどの消耗品の少額発注について、理研は研究室の裁量に任せていた。このため、カラ発注をかけて商品が納入されたように装《よそお》い、支払ったカネを還流させていたのだ。理研はこの後、百万円以下の発注についても、事務方による納品チェックが行われるようになったが、「抜け道はいくらでもある」(前出研究者)。大型機器と異なる消耗品は、一度納入したものが研究室で消費されているかチェックする術《すべ》はない。そもそも百万円以下なら「少額発注」に分類されること自体、他大学の研究室では信じられないという。

「野依さんを筆頭に、STAP騒動を早々に幕引きして、特定国立研究開発法人の指定を早期実現するために奔走している」

前出理研関係者は現在の内部事情についてこう明かす。「学僚」の本領発揮といったところか。

「日本の科学研究予算は少ないが、今の官僚化した理研にそのことを訴える資格はない」

前出理研OBはこう批判する。降って湧《わ》いたSTAP騒動を契機として、文科省の影響力を排し、「学僚」を放逐する改革を行うか。残念ながら理研内部からそうした声は聞こえてこない。

掲載当時、STAP細胞騒動の真っただ中だったが、「選択」では二〇一四年三月号ですでにその実現性に疑問を投げかけるとともに、新聞社科学部を筆頭とする既存メディアの報道姿勢を批判していた。

※

その後、同年十二月に理化学研究所は「STAP現象の確認には至らなかった」という報告書を発表し、事実上の捏造《ねつぞう》があったと結論づけた。

一連の騒動では、ノーベル賞受賞者である野依良治理事長（当時）の責任も問われ、最終的に辞任に追い込まれている。また、「研究不正再発防止をはじめとする高い規範の再生のためのアクションプラン」を発表し、同様の問題が再び起きぬための取り組みを始めたことを内外にアピールした。しかし、同様の「改革」はそれまでにも発覚していた研究不正の際にも行われている。

「STAP問題はいまだ終わっていない」

一六年一月に小保方晴子氏が、一連の騒動を振り返った著書『あの日』を刊行した際に、ある全国紙科学担当記者はこう語った。これは、「STAP細胞はあります」

という小保方氏の肩を持っているわけではない。小保方氏の指導にあたり、論文共著者ともなった若山教授についてその関与がうやむやのまま放置されていることを問題視した発言だ。この記者が続ける。

「理研は小保方氏と自殺した笹井芳樹氏に責任を被《かぶ》せただけ」

理研の負の歴史として記憶が風化するのを待っているだけなのだ。「研究者の楽園」への外部からの侵食を徹底的に排除しようという姿勢がありありとみられる。一方で、理研を擁護する声もある。

「科学技術でしか生き残れない日本にとって理研は貴重な財産だ」

ある国立大学元教授はこう語る。しかし、この教授は「だからこそ利権に固執した体質は変えなければならない」と付け加えるのを忘れなかった。小資源国日本が抱えるジレンマの縮図であるが、理化学研究所はいまだに一部研究者と文部科学省の利権として生きながらえている。

東宮

皇室危うくする雅子妃

東京都港区元赤坂の赤坂御用地。嘉仁《よしひと》皇太子（大正天皇）の東宮御所として建設された「迎賓館赤坂離宮」の南側に緑に包まれ広がる敷地は元の紀州徳川藩中屋敷で、面積約五十ヘクタールもある。尾張《おわり》徳川の戸山荘、水戸徳川の小石川後楽園と並ぶ徳川御三家の江戸三大名園のひとつで、中央の大池を巡る美しい大名庭園は春秋の園遊会場となっている。ここに東宮御所と各宮家、皇族共用殿邸が点在する。

迎賓館と学習院初等科の間を外苑《がいえん》方面に下る鮫《さめ》ヶ橋《はし》坂下の通用門から入り三百メートルほど坂を登ると、ひときわ大きな東宮御所が現れる。公的行事に使う公室十二室、住まいである私室二十二室、付設の事務棟三十八室。そばには側近護衛にあたる皇宮警察本部護衛第二課詰所、車庫や運転手詰所、集会所などもある。

御用地内は皇宮警察本部赤坂護衛署が、外周は警視庁が厳しく警備し、要所の動きは全《すべ》てカメラで監視している。以前は自由に出入りできた宮内記者会所属記者も今は原則立ち入り禁止。かつて毎週金曜日に東宮御所で開かれていた東宮大夫《だいぶ》定例会見も、今は「妃殿下は記者が大勢来ると思うだけでご負担」として皇居の本庁記者クラブで開かれている。

雅子妃のメディア嫌いはお妃《きさき》候補として追い回された頃からだという。英オックスフォード大学留学中を知る人物によると、フジテレビのカメラクルーなどの張り込みは数カ月に及び、下宿に立てこもって日本の高校野球中継などを見る毎日。帰国後も続く取材攻勢に、四十代の温厚なベテラン記者が差し出した名刺を目の前で破り捨てたというから相当なものだ。

かつて東宮一家や美智子妃ら女性皇族の「華麗なファッション」は女性誌など雑誌グラビアの目玉商品だった。ところが最近は女性誌まで契約カメラマンを相次いで解雇し、大手出版社に必ずいた皇室専門カメラマンも〝絶滅〟の危機にあるという。

新世代の「主役」になるはずだった皇太子妃は引きこもり状態で、時に姿を見せても東宮職の厳しい取材制限と固定代表取材ばかりだからだ。

「ミッチー・ブーム」「大衆天皇制」と呼ばれた蜜月《みつげつ》時代は終わったのである。

大夫すら容易に話ができない

ある東宮大夫経験者がこんなふうに話したことがある。

「誤解を恐れず例えれば東宮は関東軍」「皇太子ご夫妻は八百屋の社長夫婦のようなもので、仲良く社員と店頭に出て共働きしてもらわないと店は繁盛《はんじょう》しない」

戦前の皇室典範にあった天皇の皇族監督権はなくなり、同じ宮内庁にありながら天皇・皇后を戴《いただ》く本庁からは独立独歩。しかも公的機関であると同時に私的な家政機関でもあるから、本人たちの性格・資質や夫婦・親子・嫁舅姑《きゅうこ》の人間関係まで絡《から》んで難しい。その上に嫁の精神疾患も加わって「宮廷政治」は複雑怪奇。「宮仕え」の苦労は並大抵ではない。

東宮職の組織をみてみよう。

トップの東宮大夫の下に皇太子担当の東宮侍従長と侍従五人。皇太子妃担当の東宮女官長と女官四人。東宮侍医長と侍医三人。以上が特別職。事務職や殿部、内舎人《うどねり》、女孺《にょじゅ》、医務係や内親王の養育担当の出仕らも含めると五十六人。このほか食事の世話をする大膳《だいぜん》課職員と車馬課運転手の東宮担当らも合わせると七十人近い。皇宮警察護衛二課員三十人（多くが身近に仕える内舎人資格も兼ねる）も加えると総計では約百人の大部隊だ。十数人から二十人規模の宮家とは比べものにならない「準天皇」待遇である。

皇太子夫妻の結婚前後からの歴代東宮大夫の顔ぶれと前職は次の通りだ。菅野弘夫（国立公文書館館長）、森幸男（環境事務次官）、古川清（アイルランド大使）、林田英樹（文化庁長官）、野村一成（ロシア大使）、小町恭士《きょうじ》（タイ大使）、小田野展丈《のぶたけ》（EU大使、宮内庁式部官長）。

俸給表上は宮内庁長官は副大臣や内閣法制局長・内閣官房副長官らと同格。天皇の侍従長は大臣政務官・内閣危機管理監らと同格。東宮大夫はさらに二ランク下の中央労働委員会委員・原子力委員会委員長や中ランクの大公使級だが、格付け以上の枢要《すうよう》ポストを経験したベテラン官僚が並ぶ。

森は阪神・淡路大震災さなかで批判を浴びた皇太子夫妻の湾岸諸国訪問、古川は雅子妃の懐妊問題、林田は皇太子の「人格否定」発言騒動に直面した。野村は雅子妃の長びく公務・祭祀《さいし》欠席を抱えた上に、皇太子の五輪招致関与を断って石原慎太郎都知事（当時）に「木っ端《こっぱ》役人」と罵倒《ばとう》され、愛子内親王の不登校問題では記者会見で学習院初等科と同学年男児の「乱暴」を槍玉《やりだま》にあげて世を驚倒させ、天皇・皇后から異例の呼び出しを受けてしまった。「忍」の一字の職務なのである。

最大の難物が雅子妃の「体調の波」と周辺に対する不信感だ。東宮職最高責任者の大夫でも本人と直《じか》に話し合うことは容易ではなく、皇太子を通じて伺うしかない状態。予定は立てられない、ドタキャン・ドタ出は日常茶飯事。主治医の国立精神・神経医療研究センター認知行動療法センター所長大野裕《ゆたか》と実家の小和田家親族が「体調の波」の行方をグリップしていて、二〇一三年四月のオランダ国王即位式への出欠の返答が直前までずれ込んだ際は、切羽詰まった本庁の長官・次長が会見で催促する事態となった。皇太子にすらぎりぎりまで判《わか》らなかったという。

周りはイエスマンばかりに

東宮の歴代の大夫、侍従長、侍医長や女官、養育係らの中には、信頼を得られず失意のうちに去った者も多い。

みな一様に口をつぐんでいるが、辞めた者の周辺からは「進言したら、すぐクビになったのは生涯最大の屈辱だったと言って亡《な》くなった」「明るかった性格が別人のようになり家で編み物ばかりしている」「頑張ったが、結局は自分がいないほうがいいと辞職を申し出たようだ」「妃殿下に、ご自身も少し変わられてはと言った途端に遠ざけられた」といった証言が聞こえてくる。死屍累々《ししるいるい》の体で、勢い周りはイエスマンにならざるをえない。

愛子内親王の不登校問題で東宮側と折衝した学習院幹部は「大夫で話がまとまらないと主治医が出てきて不快だった。組織として歪《ゆが》んでいます」と嘆いた。雅子妃の同伴登校は一年半に及び、学校側は「卒業までには平穏な学校生活を」を合言葉に気遣ってきた。その後、雅子妃の同伴登校もなくなり内親王も元気を取り戻し、ようやく胸をなでおろしたが、東宮側から「妃殿下はまだ学習院をお許しになっていない」と釘《くぎ》を刺され愕然《がくぜん》とする一幕もあったという。

二〇一一年十一月の愛子内親王の東京大学医学部附属病院入院も東宮侍医長の全く知らないうちに決まったという。組織の体をなしていない。

ある時、東宮に関する頼み事で警察庁幹部に会いに行った宮内庁幹部が、がっくり肩を落として帰ってきたことがある。周囲が訊《き》くと、警察庁側から了承を得たものの、「致し方ないね、今の東宮のザマではね」と言われたという。

雅子妃の「体調の波」に最も振り回されているのは警察だ。

一三年八月の宮城県訪問は約二年ぶりの被災地訪問だったが、三回も直前キャンセルを重ねた末にようやく実現した。同年十一月の岩手県訪問は、阪神・淡路大震災十五周年追悼式典以来三年九カ月ぶりの泊まりがけ公務としても注目された。その神戸市での追悼式典も雅子妃の同行が発表されたのは出発前日だった。ゆったりした日程だったが、式典前に予定されていた犠牲者遺族代表らとの面談は直前に式典終了後に変更。「式典を前にした妃殿下にご負担」との理由だった。

式典終了後の宿舎のホテルオークラ神戸での首相・知事・警察関係者らとの昼食会や、空港に向かう帰路に立ち寄る県災害対策センター視察も欠席。一人で昼食会と視察を終えた皇太子は雅子妃の待つホテルにとんぼ返り。沿道警備の兵庫県警や応援の他県警などは数百人規模の配備変更に追われた。

追悼式典で涙ぐんだ雅子妃の様子から、関係者は「よほど体調がすぐれないのだろう」と受け止めた。ところが部屋で皇太子と合流してエレベーターで降りて来た雅子妃は上機嫌で、ロビーに詰めかけた大勢の市民らには目もくれず、皇太子と笑い合いながら元気な足取りでホテル関係者に会釈《えしやく》し出口へ。関係者は狐《きつね》につままれた思いだったという。

今や皇太子夫妻の警備・警衛は天皇・皇后をしのぐ物々しさである。公務を休んで私的活動を積極的に重ねる「療養」ぶりに批判が強まっているとの警護上の判断もあるという。

警備畑出身の警察官僚で元内閣安全保障室長佐々《さっさ》淳行《あつゆき》は「皇太子は雅子妃の療養に専念し秋篠宮を摂政に」と雑誌やテレビで発言している。また内閣官房参与飯島勲は、園遊会に出席して雅子妃の欠席続きに驚いたとして、主治医を交替させよと雑誌のコラムで提言した。背景に官邸や警察関係者の不満も透けて見える。

児戯に等しい小和田家の振る舞い

東宮は独立した存在であり、天皇といえども口出ししにくい。親子であると同時に新旧世代を担《にな》うライバルのような面もあり、異なる考えがあるのも自然だろう。しかし最大の課題は天皇の務めや歴代の心構えの継承である。昭和時代は皇太子一家が毎週必ず皇居を訪ね夕食を共にする「定例参内」があったが、絶えて久しい。

二〇一二年に天皇の心臓手術を担当した医師団関係者によると、秋篠宮夫妻からは病状や手術の見通しを尋ねる連絡が何度もあったが、東宮からはなかった。

東宮御所内部も改修のたびに天皇・皇后が住んでいた頃の内装はどんどん変えられた。改修工事で東宮が皇族共用殿邸に一時引っ越した頃、天皇が長年愛用した古い机が粗大ゴミとして捨てられそうになっているのに秋篠宮家関係者が気付き、秘《ひそ》かに宮邸に引き取ったという。親子・兄弟の距離感を物語る。

〇四年の皇太子の「人格否定」発言の際には、天皇が驚いて説明を求めたが、皇太子は「世継ぎを求められるばかりで外国訪問させてもらえなかった」「自由に外出もできない」などの例を挙げたという。

一方で、人格否定したのは天皇・皇后であり、雅子妃が懐妊できないのは皇太子側の問題などと示唆《しさ》する、雅子妃の実家がソースとみられる雑誌記事が現れた。当時の宮内庁参与が「こんなことをしていたら国民を敵に回すことになる」と電話で諌《いさ》めたこともある。

しかし、その後も「皇后から作法のことでひどく叱責《しっせき》された」「天皇が外国賓客への皇族紹介の時に雅子妃を飛ばした」とか、宮内庁や東宮職の元幹部らの実名を挙げて雅子妃を酷《ひど》い目に遭わせた、とか強調する記事が後を絶たない。誤解や事実関係の誤りも多く、ある元幹部は苦々しい表情で「児戯に類する」と吐き捨てた。

天皇・皇后の後継は困難

現東宮には、幼少時から訓育したり、長く仕えて天皇・皇后の側近らとも密に連携でき、親身で耳に痛いことも遠慮なく物申せる側近がいない。現天皇の小泉信三、昭和天皇の西園寺公望《きんもち》や鈴木貫太郎、大正天皇の有栖川宮威仁親王《ありすがわのみやたけひと》、明治天皇の元田永《なが》孚《ざね》や伊藤博文といった見識ある「相談役」も見当たらない。

皇室の歴史や伝統、東宮の身位の重さに無知な外部の医師らが皇太子妃の動静を無《む》頓着《とんちゃく》に決め、本来は責任をもって総合判断し本人もそれに従うべき東宮大夫以下の東宮職が後からカバーに追われるなど組織の機能不全が続いている。

悪いのは天皇・皇后、宮内庁、メディア、側近、学習院などと次々に「敵」視し続ける状態が続くとしたら雅子妃にとっても不幸であり、誰もが本人のために惜しみ、一日も早い快復を願うだろう。

このところ、民主党政権下での天皇の中国副主席（現国家主席の習近平）との特例会見、第二次安倍政権下での主権回復記念式典臨席、高円宮《たかまどのみや》妃の五輪招致活動関与、皇太子のマンデラ南アフリカ元大統領葬儀出席など、政権による前例のない皇室利用が目立つ。政治家の遠慮も薄れつつあるのだ。時流に乗った無原則な運用ほど象徴天皇制を危うきに至らしめるものはないだろう。

二〇一三年十一月、天皇・皇后の葬儀について宮内庁は本人の希望で火葬とすると発表した。一六年八月には、天皇が高齢を理由に生前譲位を希望すると示唆する「お気持ち」をビデオで公表した。否《いや》が応《おう》でも代替わりは近づく。

律令《りつりょう》制の時代、東宮は春宮あるいは春の宮と呼ばれた。皇居の東に宮を構え、五行説で東は春とされたからで、未来を担う若い皇太子家をあらわす。

皇太子は現天皇が即位した五十五歳を越えた。外国訪問など高齢の天皇の名代の機会も増えそうだ。

天皇・皇后の職務は質量ともに皇太子夫妻とは桁違《けたちが》いで、その責任と負荷は重く、自由度も極端に減ることになる。今後、東宮は組織を収攬《しゅうらん》して皇室らしい君臣和楽の宮廷を実現し、確かな歴史観と憲法観を踏まえて象徴に相応《ふさわ》しい自制を保ち、人心に深く思いを致した行き届いた活動を展開する態勢を整えることができるのか。

皇太子妃の長期療養も十二年目となる二〇一五年以降、雅子妃にもようやく公務復帰の兆《きざ》しが見え始めた。

一四年十月にオランダ国王夫妻の歓迎宮中晩餐会《ばんさんかい》に十一年ぶりに出席したのに続き、一五年六月、フィリピンのアキノ大統領の宮中晩餐会にも出席。七月には国王戴冠式《たいかんしき》出席のためトンガを訪問した皇太子に同行。オランダ国王即位式（一三年四月）以来二年ぶりの外国公式訪問だった。

※

八月には天皇・皇后から引き継いだ沖縄豆記者たちとの懇談に六年ぶりに出席。十月八日には福島県の被災地を日帰りで訪問し、同月三十日には鹿児島での国民文化祭に一泊二日の日程で出席。同じ月に地方を複数回訪れたのは十二年ぶりだった。

十一月には、長期療養に入ってから一度も出ていなかった園遊会に十二年ぶりに出席した。ただ、五分間姿を現し数十メートル歩いただけで途中退席した。なお一六年四月の春の園遊会も出席したが、これも十分足らず、数十メートル歩いただけで退席し中途半端に終わっている。

愛子内親王の通学も学習院女子中等科進学で概《おおむ》ね正常化し、同年八月には四年半空席だった東宮女官長に故西宮伸一元駐中国大使夫人西宮幸子が就任して体制は整った。

宮内庁ホームページの日程をみると、一五年中に雅子妃が出席した公務、宮中行事、接見、会釈、祭祀などは約七十件と、長期療養入りしてから最も多かった。

ただ、東宮の同年間の公務等の総数は約二百件あり、大半を皇太子妃が欠席する状況は基本的に変わっていない。四月の京都、五月の宮崎、七月の和歌山、八月の山口、十月の岐阜、和歌山、十一月の宮崎、京都訪問のいずれにも雅子妃は同行せず、勤労奉仕団への会釈も全て欠席した。まだ恢復《かいふく》には道遠しの感が強い。

一方、「人格否定」発言以来の御所と東宮との溝を埋めるかのように、一二年から天皇、皇太子、秋篠宮が宮内庁長官を交えて意見交換する「三者会談」が定例的にもたれるようになった。皇后の発案とも伝えられるが、皇室のあるべき姿を巡り世代間の対話と継承の場となっている。

皇太子家にも皇室の伝統や戦争体験の世代間継承を図る動きはみられる。夫妻で愛子内親王を伴って一四年七月に伊勢神宮に参拝。雅子妃の参拝は実に二十年ぶり、愛子内親王は初めてだった。一五年七月には昭和館の戦後七十年記念展を家族そろって視察。一六年四月には昭和天皇記念館、同七月には奈良県橿原《かしはら》市の神武天皇陵を訪れた。

宮中祭祀では、一六年四月には神武天皇の式年祭で雅子妃が宮中三殿(皇霊殿)を参拝した。雅子妃の三殿参拝は〇九年一月の昭和天皇式年祭以来七年ぶりだった。ただ、いずれも皇后の名代を命じられたケースで、これ以外は宮中祭祀に皇太子妃は全て欠席という状態は変わっていない。

すでに平成五年六月に結婚してからの年月で、療養を理由に公務の大半を休む年月が過半を超えた。「いつになったら快癒されるのか」「それほど一般人とふれ合うのが負担なのか」との大方の疑問と不満は解消されていない。

現天皇・皇后の場合、東宮時代の多忙な活動で培《つちか》った幅広い人脈、時代や世相への洞察力と人々との琴線にふれ合う出会いは、即位後の質量ともに比較にならない重責を担う拠《よ》り所《どころ》となった。

一六年八月の天皇による譲位の希望の示唆により、皇太子夫妻の即位もぐっと近づく公算が大きい。それだけに、雅子妃の「適応障害」が続く限り、皇太子夫妻がさらに大きなプレッシャーを抱え込むのは必定だ。仮にも、適応に難渋する「環境」つまり皇室の制度や作法を変えようとした場合、皇室の制度や天皇・皇族のありように共感している多くの人々からの厳しい反発や冷ややかな皇室離れは深刻なものとなろう。

皇室が抱える「東宮問題」は、依然として打開されたとは言い難い。(文中敬称略)

学習院

「皇族教育機関」の終焉《しゅうえん》

秋篠宮家の長男悠仁親王のお茶の水女子大学附属小学校入学がこのほど発表された（二〇一二年十二月）。戦後、皇族が学習院以外の小学校に通うのは初めて。学習院は〝将来の天皇〟から袖《そで》にされた形で、皇族の「学習院離れ」を改めて印象づけた。遠からず在籍する皇族が一人もいなくなることも予想される。伝統の「皇室ブランド」で知られる名門学習院で、一体何が起きているのだろうか。

目白駅からほど近くに学習院大学の正門があり、どっしりとした門柱が風格を漂わせる。門標「學習院大學」は第十八代院長安倍能成《よししげ》（哲学者）の揮毫《きごう》だ。

敗戦で存廃の岐路に立たされた学習院を私学として再興した「中興の祖」である。木立に包まれた構内に入ると、すぐ目の前に古い木造二階建ての「旧皇族寮」。奥まで進むと、さらに古ぼけた木造平屋の「乃木館」がある。第十代院長乃木希典《まれすけ》が学生寄宿舎の傍で起居した建物である。いずれも〇九年に国の登録有形文化財に指定された。

さらに奥にある馬場の傍らには小さな「乃木号碑」が建つ。日露戦争の旅順攻防戦で勝利した乃木が敵将ステッセルから贈られたアラブ馬の仔馬《こうま》。一九三七年まで長く馬術部員たちに親しまれ、その死を悼《いた》む同窓会「桜友会」の有志が建てた。

乃木は幼い昭和天皇に質実剛健の明治精神を説いた。殉死を前にした最後の対面で、ただならぬ様子に十一歳の昭和天皇が「院長閣下はどこかに行かれるのか」と尋ねたエピソードは有名だ。

乃木と安倍という、戦前と戦後を代表する名物院長の足跡は今も現代的な校舎群のはざまにひっそりと遺《のこ》されている。

止まらぬ皇族の学習院離れ

戦後も近年までは皇族も例外なく学習院に学び、入学式などでは門標の前で報道陣の撮影に応じるのが慣例だった。内親王のほとんどが同窓の旧皇族・華族と結婚した。大学構内の書店で出会った秋篠宮文仁親王と川嶋紀子の「キャンパスの恋」も、清子《さやこ》内親王（紀宮）と兄秋篠宮の親友黒田慶樹《よしき》との結婚も同窓の縁だった。

その学習院も大学の規模拡大に伴い、国際化や私学の生き残り競争など時代の流れの中で、伝統をどう保持するかという難題を抱え、ひとつの曲がり角を迎えているようだ。

近年は女性皇族の学習院大学離れが目立つ。高円宮家の長女承子《つぐこ》女王は学習院女子大を中退し英エジンバラ大からさらに早稲田大へ。三女絢子《あやこ》女王は城西国際大へ。秋篠宮家の長女眞子内親王は国際基督《キリスト》教大に進んだ。

秋篠宮家の次女佳子内親王も二〇一四年に学習院大から国際基督教大に転じ、学習院に在学するのは愛子内親王（学習院女子中等科）だけになった。

二〇一〇年には愛子内親王の不登校問題が初等科で起きた。学習院は東宮の求めで幼稚園長を養育担当女官に推薦するなど手厚い協力態勢を敷いていたが防げなかった。学習院が東宮側に振り回されているかのような印象も与えてしまった。

波紋は初等科と幼稚園の志願動向にも影響を及ぼした。

同校の一一年度入試に関する公表資料でも、初等科志願者は前年度の七百九十二人から六百十四人に減り、同資料は「報道機関の影響」を指摘している。また幼稚園志願者も百九十三人と前年度より四十三人減った（うち女子が三十五人減）。「昨今の週刊誌報道やインターネット投稿等で、志願者の父母が共学に不安を感じていることも推察される」と分析されている。

愛子内親王の不登校で東宮職は級友や「皇室の母校」を槍玉《やりだま》にあげたとも受け取れる発表をしたため、結果として同校も皇室も傷つけてしまった。

その後、愛子内親王も雅子妃の付き添いなしで登校し学校行事にも元気に参加できるようになって女子中等科に進み、関係者は胸をなでおろしている。

皇室との伝統的蜜月《みつげつ》時代は終わった

しかし、二〇一三年四月、天皇の孫世代の最年少で唯一《ゆいいつ》の男子悠仁親王がお茶の水女子大附属幼稚園から同小学校に入学することで、将来は長年にわたり学習院に皇族の在籍がなくなる可能性も出てきた。

学習院と皇室との伝統的な蜜月関係が当然のように続く時代は終わったのだ。

現在（一二年時点）の学習院の在学生の構成をみてみよう（いずれも概数）。

大学院四百三十人、法科大学院百二十人、大学八千三百人、女子大学・同大学院一千七百人。高等科六百人、女子高等科六百人、中等科六百人、女子中等科六百人、初等科七百七十人、幼稚園百人。

関係者によると、例年、初等科合格発表の一週間ほど後に慶應義塾幼稚舎などの発表があると、男子で五、六人、女子で二、三人の辞退者が出る。高等科と女子高等科の各二百人の卒業生となると、男子で百人近く、女子で五十人近くが「希望する学部がない」などの理由で早稲田・慶應・明治・立教・青山学院など他大学に転じる。残り計二百五十人が学習院大に進んでも、他校出身者がどっと入学してくる大学では少数派になるのだ。

長期不況下、幼稚園から大学まで毎年百万円以上の納付金を支払って通わせることには親の負担感も強まっている。一貫校の「伝統」を保つのは容易なことではない。学校側も、一三年春に文学部に教育学科（定員五十人）を開設したり、学生・生徒の海外体験事業など国際交流活動を積極化し、国際社会科学部を新設するなど「若者に魅力ある学校」づくりに腐心している。

ただ、学習院といえば、幕末に公家《くげ》の学習所として出発し宮内省管轄《かんかつ》の華族学校をルーツとする「皇室ブランド」と大らかな校風が強みだった。大学のブランド力ランキングの上位で健闘しているのも「誠実、正直」「伝統や歴史を重んじている」とのイメージの寄与が大きいとみられている（日経ＢＰコンサルティング調査）。

戦前からの「伝統力」の継承は同校の大命題なのだ。

敗戦後の連合国軍総司令部（GHQ）の占領下、華族制度廃止により存廃の岐路に立たされた学習院は、山梨勝之進院長（元海軍大将）や宮内省関係者らが懸命に働きかけ私立学校として存続する道を選んだ。在学生の大半が一般の子弟であり、当時初等科に在籍した皇太子明仁親王も御学問所には移らず中等科に進学して一般教育を受けることや、白樺《しらかば》派の志賀直哉、武者小路実篤ら文化人を輩出した「実績」なども持ち出してGHQを説得したという。

しかし、皇室の庇護《ひご》から離れ私学として生きる道のりは険しく、山梨院長の後を受けた安倍院長は寄付金集めや大学開設、東大などからの教授集めに奔走した。桜友会も支援した。

リベラリストであると同時に尊皇家を自任する安倍は宮中関係者との人脈も広く、昭和天皇への文化人らの進講を推進したり、当時の美智子皇太子妃ら皇族も遠慮なく「指導」する硬骨ぶりで、皇族は例外なく学習院で学ぶ「伝統」も引き継いだ。仮に今、安倍ありせば、皇族のわがままや学校側による特別待遇などは一喝して許さなかっただろう。

現在の院歌も安倍が作詞し、「海ゆかば」の作曲で知られる信時潔《のぶときききよし》が曲をつけた。

もゆる火の　火中《ほなか》に死にて　また生《あ》るる　不死鳥のごと　破《や》れさびし　廃墟《はいきょ》の上に
たちあがれ　新学習院

戦前の学習院と戦後の学習院とは連続か断絶か――同校関係者にとっての永遠の課題である。

一九五九年、桜友会報上で会員間の新旧学習院論が戦わされたことがある。

まず、木戸孝彦（四三年高等科卒）による「桜友会に寄付せざるの弁」。

「（戦前の学習院の）母体たる華族が制度の上許《ばか》りでなく、経済的な打撃により完全に死滅した以上その特異性もまた敗戦による戻らざるものの一つであると云《い》わざるをえない。（略）戦前の学習院は敗戦とともに死滅したものであり、決して不死鳥の如《ごと》く甦《よみがえ》るものではない」

これに反論したのは副島正人（五六年大学院卒）。

「それは歴史的に確かに在ったのであるから歴史の上から死滅もしないし死滅せしめる事も出来ないであろう。而《しか》もそれが一時代に高貴と光栄に包まれた学園として日本で唯一のものであった。（略）『死滅した』として片づける事なしに、積極的にその価にふさわしい永い生命と伝統の流動をこそ願いたく思う。（略）私は今皇太子の御結婚を思うがこれは旧新学習院の合一のあり方を示す範例でもあり得よう」

教職員と「桜友会」が院長選挙で対立

しかし、このような牧歌的な時代は過ぎ去りつつある。

学校の「顔」ともいえる学習院長選びで、〝異変〟が起きた。

院長は教職員、桜友会、父母会などで構成する同校評議員会で選出されるが、ずっと選考小委員会が絞った人物を全会一致で承認してきた。教職員と桜友会、父母会の伝統的団結のひとつの証左だった。ところが、二〇〇八年八月、桜友会などが第二十五代院長波多野敬雄《よしお》（元国連大使、元学習院女子大学長）の再任を目指したのに対し、教職員側が大学長福井憲彦《のりひこ》を推して同校史上初めて記名投票による選挙となったのである。

規約上、決定には評議員会の三分の二以上の支持が必要。結果は、桜友会と父母会の支持を集めた波多野が投票総数六十八票のうち四十九票を得て再任が決まった。

生徒数に比例して学習院の教職員数も幼稚園から高等科（女子中・高等科を含む）までが百八十人弱に対し大学・大学院（女子大を含む）が非常勤を除いても四百人強と圧倒している。学習院全体の舵取り《かじと》りをめぐって、安倍院長時代から東大など他校出身者の多い教職員と「伝統」重視の桜友会との間に伏在する意識のずれと温度差が顔をのぞかせた格好だ。

桜友会は一九二一年（大正十年）、若手会員だった木戸幸一（のち終戦時の内大臣、侯《こう》爵《しゃく》）、岡部長景《ながかげ》（のち宮内省式部次長、文部大臣、子爵）、有馬頼寧《よりやす》（旧久留米藩主家当主、伯爵）らが旧来の同窓会を改組し、華族会館で設立総会を開いた。陸軍の同窓会「桜会」、海軍の「水桜会」とも一本化した。

敗戦によって直宮《じきみや》以外の皇族は皇籍離脱し華族も軍も消滅。桜友会も休止状態に陥ったが、ほそぼそと活動を再開し五一年に再発足した。その後の大学の設立・規模拡大に伴い、今や会員数は十二万人近くにのぼる。学習院評議員会で桜友会や父母会代表が多数を占めるのも同校にとっての「伝統」の重さを物語る。

もはや「精神論」を貫けなくなった

当時の桜友会長内藤頼誼《よりよし》は旧信州高遠《たかとお》藩主・旧子爵の家柄。父頼博も名古屋高等裁判所長官や多摩美術大学長などを歴任して一九八〇年に桜友会長、八七年から第二十二代学習院長を務めた。

院長選挙結果を桜友会員に報告するあいさつで内藤はこう述べた。

「初めて尽くしの今回の経験で改めて感じたのは卒業生の団結の大切さです。(中略)これからも団結を崩すことなく、我々が推した院長先生が十分に腕を振るわれるよう一層の協力を惜しまない所存です」

「団結」を強調せざるを得なかったことに桜友会側の苦衷もにじむ。

六三年十月、昭和天皇夫妻を迎え学習院創立八十五周年記念式典が開かれた時、祝辞には政界から引退したばかりの元首相吉田茂が立った。様々な学校を転々とし学習院高等科・大学に通ったものの大学閉鎖で東京帝国大へ移った吉田だったが、安倍が招いたらしい。

吉田は「なぜ私がお招きを受けたかわからない」と満座を煙に巻きつつ次のように述べた。

「今日、日本の学校を見ますると、多くは詰め込み主義もしくは試験勉強であるように思うのでありますが、その点は学習院は全く違った学風であります。(略)私は、この学風のもとに、いまなお、ゆうゆうと別段あせることもなければ、また詰め込み主義の考えもなければ、また、人を排してまで出世しようという考えもなく、ゆうゆうと暮らしておりますことは、これは実に学習院の学風のいたすこととして、私は感謝しておるのであります」

「戦前、戦後と一貫する学習院の伝統とは何か」と問われると安倍は「正直であれ」「精神的貴族たれ」と答えるのが常だったという。現桜友会長内藤は「公共につくす国家有為の人材を育てるということだろう」と語る。

偏差値競争、就職率に拘泥《こうでい》する他校とは一線を画し、無私で誠実な心根を育てる教育こそが、学習院の伝統のはずだ。これはとりも直さず皇室のあるべき姿とも重なる。

しかし、時代の流れの中で「伝統」の精神論を貫くのは、ますます難しくなっている。学習院が誇る「皇室ブランド」が、再び不死鳥のように蘇《よみがえ》る日は来るのだろうか。

※

二〇一四年、学習院に在学していた秋篠宮家の次女佳子内親王が八月三十一日に退学し、姉の眞子内親王が通う国際基督教大学に入学した。本人は中学の頃から他大学進学を希望しており、「英語教育の充実や幅広く学んで進路を考えられるから」として「私個人の問題であって学習院大学が悪いということではございません」（成年の記者会見）と語ったが、これで残る皇族は皇太子家の愛子内親王（女子中等科）だけになった。

また学校側では一六年四月には学習院としては五十二年ぶりの新学部「国際社会科学部」（定員二百人）がスタート。これに先立ち一四年から一六年にかけて学校法人学習院院長、大学学長、桜友会会長の三主要ポストがそれぞれ交代し体制を一新した。

まず一四年八月、波多野敬雄院長の退任に伴い第二十六代院長に内藤政武が評議員会で選任された。任期は同十月から一七年九月まで。

内藤は旧延岡藩主内藤政挙《まさたか》の孫で、学習院生え抜き。歴代院長は学習院から東大へ進んだ者がほとんどだったが、内藤は初の学習院大学卒業（政経学部）の院長だ。小田急百貨店常務などとして民間企業の経営に携わる傍ら評議員、父母会長、常務理事、院長代行などとして長く学校運営を支え、旧皇族・華族の親睦《しんぼく》団体「霞《かすみ》会館」常務理事も務めた「伝統派」である。

就任あいさつで内藤は「勢いのある学習院」を掲げ、国際社会科学部への期待として「日本の心を世界に伝える学習院に栄光を」と呼びかけた。

一四年四月には大学学長が福井憲彦から井上寿一《としかず》に交代した。専門は近現代日本政治外交史。一橋大学卒、同大助手を経て一九八九年に学習院大助教授、九三年より同教授。国際社会科学部を「高性能で小回りの利《き》くタグ・ボートとして、学習院大学を新しい方向に引っ張っていく」存在として期待を寄せている。

桜友会会長も八年務めた内藤頼誼が退任し、二〇一五年五月の同会総会で東園基政が第八代会長に選任された。

東園は一〇年、愛子内親王が初等科で同級生男児の乱暴が原因で不登校となったと東宮職が発表し大騒ぎとなった際、学習院常務理事として記者会見し「いじめと言えるようなものはなかった」と、相手児童と学校のため釈明に努めた人物だ。

父基文は旧仙台藩主伊達《だて》家から東園子爵家に相続人として入り、現天皇に幼時から傅《ふ》育官《いくかん》、東宮侍従として仕え、また常陸宮正仁親王の皇子傅育掛も務めた。祭祀を担当する掌典職のトップ掌典長として現天皇即位の大嘗祭や秋篠宮結婚の神事を仕切るなど、生涯を皇室に捧《ささ》げた。母佐和子は皇族の北白川宮成久王と明治天皇の皇女周《かねの》宮《みや》房子内親王との間に生まれているので、基政は明治天皇のひ孫にあたる。

学内には、以前から東大など他大学出身の〝外様《とざま》〟の教授・教員や事務方の一部には「古色蒼然《そうぜん》とした『伝統』一本槍の桜友会は、時代に合わせた教育体制への改革の妨げ」との声もあったようだ。〇八年に院長選考が前代未聞《みもん》の記名投票による選挙となったのは、そうした伏在する不満が波多野体制批判の形で、顕在化したのだろう。

その後の経過をみると、学習院生え抜きの〝譜代《ふだい》〟が要職を押さえながらも、文学部教育学科、国際社会科学部の新設、奨学金の充実など「外に開かれた」教育体制整備が具体化しつつあり、関係者の危機感が共有されてきたようにみえる。

学習院も、ひとつの曲がり角を曲がったようにみえる。

（文中敬称略）

裏金まみれの「国立がん研究センター」

研究費「不正使用」でやりたい放題

「今後も組織改革に積極的に取り組んでいきたい」

二〇一四年一月十七日、国立がん研究センター（国がん）の堀田知光理事長（当時）は、職員を前にこう抱負を述べた。

当初、職員訓示は年頭あいさつとして一月七日に行われるはずだった。その日程がずらされた上に、堀田理事長は「続投の所信表明」（国がん職員）を行ったのだ。

一〇年に国がんが独立行政法人化され、堀田氏は一二年四月に二代目理事長となった。任期は一四年三月末までだったが、前回（一二年）の例を考えれば理事長の公募が行われている時期になっても募集は行われなかった。全国紙の厚生労働省担当記者はこう語る。

「前回の改革派理事長の事実上の更迭《こうてつ》も不透明だったが、今回も厚労省に都合のいい堀田氏の続投が既定路線になっている」

その後堀田氏はあっさり続投した。不祥事続きの国がん改革が急務であるにもかかわらず、実際にはむしろ逆行する動きが進行し、病巣《びょうそう》は広がる一方だ。

国がんで横行する「プール金」

二〇一三年は国がんにとって「最悪の年だった」（前出職員）。二月には、牧本敦小児腫瘍《しゅよう》科長（当時）の厚労省科学研究費などの私的流用が明るみに出て内部調査が行われ、年末の患者データ紛失で一年を締めくくった。

「国がんは実績を上げなくても予算がつくため容易に腐敗する」

国がんの元幹部はこう語る。牧本医師の場合は、厚労科研費など二億二千万円のうち二千六百万円近くを取引業者にプールして私的に使っていたが、不正を行っていたのは同医師だけなのか。都内病院に勤務する医師は、知人の体験を語る。

「ある医師が国がんに招聘《しょうへい》されたとき、上司が家具を揃《そろ》えてくれたと聞いている。カネは科研費から出たそうだ」

国がんを知る多くの人間が、牧本医師の事件は氷山の一角だと口を揃える。

こうした批判を前に、国がんは内部調査を実施してその結果を同年九月に発表した。それによれば、〇七年から一一年までに三十九人の職員（研究者三十人、事務助手など九人）が総額四千八十六万円余りの預け金などの不正行為を行っていたという。このうち二十三人について処分が下されたものの、不正に蓄財された資金について国がんは「私的流用していたと確認できたものはありませんでした」としている。この調査が不十分であるとの指摘は多い。記者会見に出た全国紙社会部記者はこう語る。

「身内の調査に過ぎず、信用できない。第三者委員会を立ち上げなかったのは、悪事が露見するのを恐れたからだろう」

実際、調査は「ヒアリングを中心に行われただけ」（前出とは別の職員）といい、膿《うみ》はいまだに残っているのだ。

編集部は、国がんの闇《やみ》の一端を物語る証拠を手に入れた。それは科研費プールがほかにもあることを示唆《しさ》する業者の「裏帳簿」だ。

この帳簿には、都内の大規模病院に勤務する血液腫瘍内科医と東京都墨田区に本社を置く「ユーティーシー」というオフィス機器を扱う代理店の間の「預け金」の実態が記されている。当該医師は「事件を起こした牧本氏の上司と親しく、彼らの推薦で十年ほど前から厚労科研費の主任研究者を務めるようになった人物」（元国がん職員）

だという。当該の科研費も、国がん研究者との共同研究として採択されており、事実上「国がんの科研費」である。

帳簿を見ると、〇六年三月から一三年二月までの間に合計一千五百三十六万円の研究費がプールされていたことがわかる。この預け金から、一三年十月までに一千三百万円余りが支出され、十一月時点では残金は百五十三万円だった。

預け金はその存在自体が問題だが、科研費をプールする研究者の多くは「年度をまたげない予算を預け金にして、次年度以降の研究資金を捻出《ねんしゅつ》している」と言い訳することが多い。

しかし、少なくとも今回の裏帳簿を見る限り「預け金」の支出先も疑惑だらけだ。たとえば、預け金の六割に当たる約九百万円が十九台のノートパソコンの代金として支出された。単純計算で一台当たり四十七万円になる。中にはパナソニック製の「レッツノートSX2プレミアムエディション」に百二十七万円を支払っている。この帳簿を都内の別のOA機器代理店関係者にみせたところ「市中の倍くらいの値段で取引している」と語った。また、印刷用品として二百五十一万円が支払われているが、「トナーなどの消耗品は足がつきにくく裏金を作るときによく使われる」（前出代理店関係者）という。最終的にこの帳簿に記録されている約七年の間に「約百万円が毎年

『真の裏金』としてプールされていた」（同前）とみられる。

実はこのカネについて当の内科医は「秘書に任せきりだった。一切私的流用はない」と語った。事情をよく知る関係者は「科研費をプールするのは国がんでは皆やっていた。今回の業者も国がん時代にお世話になっていたところだ」と語っている。

この関係者は、六年間、国がんに勤務した経験がある人物だ。内科医は、国がん研究者に名前を使われた疑いが濃厚だ。

たいした研究もしない穀潰《ごくつぶ》し

「そもそも国がんは厚労省の植民地。自らのカネとポストが集まる国がんを厚労省が真剣に改革しようとは思っているはずがない」

前出厚労省担当記者はこう語る。国がんは厚労省の影響力が極めて強い組織であることが知られている。二〇一〇年に独法化した後も、多くの現役の厚労省職員が出向している。理事長特任補佐の塚本力氏は、一九八五年厚生省（当時）採用のキャリアだ。事務方には多くのノンキャリ官僚も送り込まれている。厚労省の植民地であるため、国がんは財政的に極めて恵まれている。二〇一四年度に国から受け取った運営費交付金は六十七億円。ちなみに同年度の医科単科国立大の滋賀医科大学の交付金は五十七億円だった。この中から「がん研究開発費」が分配されるが、その応募要件は「国がん研究者が主任研究者を務め、外部の研究者もこれに参画すること」となっており、実質国がんの研究者のための資金だ。

これ以外にも国がんは、文部科学省などの一般公募の科研費にも積極的に応募しており、情報開示に熱心だった、初代理事長嘉山孝正時代の一一年度事業報告では「総額五十一億円の研究費を受け入れた」と自賛している。これは旧帝大である北海道大学や名古屋大学などが文科省から受け取る科研費に匹敵する。

厚労省が支払う厚労科研費の場合はさらに優遇される。なぜなら厚労官僚が科研費審査委員の人事権を持つからだ。がん研究分野の場合、厚労省と近い国がんの幹部やOBが審査委員に任命されることが多い。都内の私立病院医師は「厚労科研に採択されるためには、厚労省や国がんの人間と近づかなければ無理だ」と憤慨する。

一二年度に厚労省が実施した「第3次対がん総合戦略研究事業」では、七十八人の医師に総額約二十一億円の研究費が渡った。内訳をみると、国がんから二十三人（二九％）が採択され、約十億円（四七％）を受領した。参考までに記せば、東京大学から採択された研究者は六人で、総額は九千三百万円に過ぎなかった。露骨な「国がん優遇」が行われていることがわかるだろう。

最大の問題は、「国がんの研究レベルが低い」(国立大学医学部教授) ことだ。

データはこの事実を冷酷に伝える。一三年四月にトムソン・ロイター社が発表した「論文の引用動向からみる日本の研究機関ランキング」に国がんの名前は登場しない。理系全体を対象としており、上位には総合大学や理化学研究所などが名を連ねるのは当然のことだが、医学部の強い岡山大学が十七位、東京医科歯科大学は二十位に入っている。また、米国国立医学図書館のデータベースによると、一二年に国がんが発表した英語論文は四百二報だった。これに対して、岡山大は七百三十八報、東京医科歯科大は五百八十報である。国がんは医師不足に悩む新潟大学 (四百十七報) をも下回る。

研究機関としてだけでなく、医療機関としての評判も芳《かんば》しくない。一一年度の胃がん手術件数は国がん三百七十六件に対して、民間のがん研究会 (がん研) 有明病院は五百十七件だった。同時期の乳がんの場合、差は拡大し、国がん五百七十六件、がん研一千七十五件だ。都内の開業医は「診療レベルが低いうえに病院の対応が悪いので患者を紹介しない」とまで言い切る。

厚労官僚の「巨大な貯金箱」

国がんに反省はないようだ。その証拠に、国がんでは前述の科研費不正を行った牧本医師の刑事告発が遅々として進まなかった。二〇一三年六月に科研費を不正に私的流用していた教授とプール金の一部を自社利益としていた取引会社を詐欺《さぎ》罪ですぐさま刑事告訴した北大とは対照的だ。

実は当初、警視庁は立件を目指して捜査を進めていた。しかし「国がんが刑事告発しなかったため、及び腰になった検察を説得できなかった」（警視庁関係者）ため、しりすぼみになった。ある警察関係者は「取り調べで牧本氏は国がんの人間を売らなかった」と語る。一四年三月に入り、国がんはようやく牧本氏の刑事告発を行ったが、とかげのしっぽ切りで終わり、国がんの病巣をどこまで抉《えぐ》れるかは疑問だ。

国がんの最大の闇は、事務方、つまり厚労官僚の裏金への関与疑惑だ。前出の国がん元幹部は「事務方も同じようなことをしている」と語る。

そもそも研究費を不正にプールしようとした場合、業者が発行した架空伝票が事務部門を通過しなくてはならない。検品などのチェック体制が万全であれば、預け金そのものが発生しないはずだ。つまり、事務方がよほどの間抜けかグルでないと不正は起きない。過去の他の研究機関における科研費不正事件で、事務職員が逮捕されていることを見てもそれはわかる。

国がんの場合「（科研費の）約三割を事務方が経費としてとる」（前出元幹部）という。

かつて国がんに勤務した別の医師はこう打ち明ける。

「よく運営局長の部屋に呼ばれて飲んだ。寿司《すし》をとってもらったが、あれは科研費のプール金から出ていたんだと思う」

運営局長とは通常の病院の事務長に相当するポストで、国がんの場合厚労省から派遣される医系技官の指定席だ。つまり、厚労省のキャリア官僚は国がんを「誰からもチェックされない巨大な貯金箱」（前出元幹部）として使っている疑いが濃厚だ。十年ほど前に、この事務方のプール金が露見しそうになったことがある。そのとき国がんは担当の庶務課長を東京医療センターに配置換えしてうやむやにしたという。しかもその元庶務課長は「異動の数カ月後に自殺した」（前出とは別の元国がん職員）。

官僚に都合のいい理事長

科研費不正は国がんに染《し》みついた「持病」なのだ。

二〇一〇年に独法化した際に当時の民主党政権は、厚労省の人事を白紙にして山形大学から嘉山孝正氏を理事長に選んだ。この「政治主導」には賛否があるが、実際に嘉山氏は、国がんに送り込まれる厚労官僚の順送り人事を凍結し、人件費をアップさせて職員の待遇を改善しながらも単年度黒字化するという結果を出した。また厚労省の天下り先を次々に潰すなど、多くの改革の成果を残した。

当時、国がん内部からは嘉山氏に反発する勢力からの不満の声が漏れてメディアを賑《にぎ》わした。しかし「強引な手法が嫌われることはあったが、内部には支持する声もあった」（前出とは別の現職医師）という。抵抗勢力となっていたのは、主に既得権受益者である厚労省とその息のかかった医師だった。

嘉山氏は、一二年度の理事長公募にも応募した。しかし、厚労省の選考委員会は理由を開示せずに嘉山氏を落とし、堀田氏を選出したのだ。公募も行わずに二期目に突入した堀田氏は「厚労省に都合のいい人材」（前出厚労省担当記者）なのだ。

国がん内部には、前任の嘉山氏に共感した改革派の医師もいるが、その声は今まさにかき消されようとしている。

堀田理事長は冒頭の所信表明を行った直後に、築地と千葉県柏市にある二病院の全診療科の科長を降格させ公募を行った。四十三もの科長ポストを全員降格させるなど「前代未聞《みもん》で正気の沙汰《さた》ではない」（前出国がん職員）と内部には動揺が広がった。厚労省に都合のいい組織体制構築を目指しているのだろう。

国がんの闇は大規模な外科処置が必要な段階にきている。この病巣を放置して「国のがん研究拠点」とは、たちの悪いブラックジョークにしかならない。

※

その後も国がんの状況は変わらない。二〇一六年三月末で堀田知光は理事長を退任したが、彼が理事長を務めた四年間、幹部の顔ぶれは変わらず、衰退を続けた。

特にがん専門病院としての地盤沈下は著しい。いまや、肺がんを除き、全国トップクラスの診療科はない。

例えば、胃がんの場合、一三年度の手術件数は、国がん中央病院が三百五十七件、同東病院が二百八十一件だ。ライバルのがん研有明病院は六百十六件で大きく水をあけられている。

近年、進歩が目覚ましい胃がんの内視鏡治療については、国がん中央病院が三百七十五件、同東病院が二百三件だ。がん研有明病院の四百十五件には及ばず、県立静岡がんセンター（三百七十五件）、仙台厚生病院（三百七十四件）と同程度だ。

乳がんの手術件数は国がん中央病院で五百五十五件、同東病院で三百六件。がん研有明病院の一千九件、聖路加国際病院の九百十六件とは比較にならない。

さらに血液がんの化学療法に至っては、年間の患者数は百六十三件。深谷赤十字病院、大阪市立総合医療センターと並び、全国二十六位だ。

都内の開業医は「国がんがブランド病院というイメージはない。紹介して欲しいという患者や家族はほとんどいない」と言う。

ところが、国がん幹部や厚労省に危機意識はない。現在も、地方の国立総合大学並の年間六十七・三億円程度の運営費交付金（一四年度）を受け取り、多少、診療報酬が減らされようが、厳しくコストカットする必要はないからだ。

彼らにとっては、今の状況を出来るだけ維持したい。そのためには、自分たちの意見を聞いてくれる人物で周囲を固めなければならない。間違っても、政権から嘉山のような人物を押しつけられてはならない。

堀田体制の間に、厚労官僚である塚本を除き、嘉山が連れてきた幹部の面子《メンツ》は一新された。現在、理事を務めるのは、間野博行・東大医学系研究科教授（分子生物学、国立がん研究センター研究所長兼任）、松本洋一郎・理化学研究所理事（元東大副学長、元工学系研究科教授）、南砂《まさご》（読売新聞取締役）、門田守人《もんでんもりと》（元がん研有明病院長）らだ。東大・理研・マスコミ、さらにがん研有明病院までを巻き込もうという魂胆が見え見えだ。

さらに、一五年末の堀田の後任理事長選考は物議を醸《かも》した。表向き、理事長は公募され、有識者による選考委員会が推薦することになっているが、実態は事務局を務める厚労省のお手盛りだ。厚労省関係者によれば、「医系技官が担《かつ》ぎ出そうとしたのは宮園浩平」という。

宮園ほど、国立がん研究センターの理事長にそぐわない人物はいない。「管理能力がない（医療業界誌記者）」からだ。

宮園は「医学界のドン」と称される髙久史麿《たかくふみまろ》・日本医学会会長の愛弟子《まなでし》。一一年から東大大学院医学系研究科科長を務めているが、彼の在任中に起こったのがノバルティスファーマの研究不正など、一連の東大医学部不祥事だ。ところが、宮園は関係者を処分することが出来ず、自らもトップに居座った。「東大医学部衰退のA級戦犯(元東大医学部教授)」と言われている。任期切れが近い宮園にとって、国がん理事長は美味《おい》しい天下り先だ。すべて「ムラ社会」の論理だ。

宮園理事長は、塩崎恭久《やすひさ》・厚労大臣らが反対し、実現しなかったが、この人事案を知り、前出の医療業界誌記者は「国がん問題の根深さを改めて痛感した」という。こんな当事者意識のない連中に、まともな病院経営など出来るわけがない。国がんの地盤沈下は、止まりそうにない。

日本体育協会

「スポーツ貧国」にした元凶

一九一二年、第五回オリンピック（ストックホルム大会）に日本は初めて出場した。ロンドンオリンピックが開催された二〇一二年は、日本の近代スポーツが歩みだしてから百年の節目に当たる年だった。

正確に言えば、日本近代スポーツの発足はストックホルム大会の前年、選手の派遣に備えて「大日本体育協会」が設立された一一年である。設立に尽力し、初代会長として貢献したのは講道館創設者の嘉納治五郎だ。後に、日本人初の国際オリンピック委員会（IOC）委員も務めた。戦後、組織の名称を「日本体育協会（日体協）」に変えたが、設立当初からオリンピックへの選手派遣だけでなく、日本におけるスポーツの振興を掲げてきた団体だ。

役割を終えた「国民体育大会」

「国体が、日本のスポーツ振興を阻《はば》む癌《がん》だ」

全国紙のベテラン運動部記者はこう語る。一九八〇年のモスクワ五輪ボイコットを原因として、主にスポーツの政治からの独立性を確保することを目的に、日体協内部の一委員会でしかなかった日本オリンピック委員会（JOC）が八九年、独立した。結果として、日体協が主体的に関与するスポーツイベントは、国民体育大会（国体）だけになった。この記者が続ける。

「もはや地方の体育協会や、各種スポーツ団体、『国体ゴロ』ともいうべき一部競技者の利権でしかなく『振興』の役に立っていない」

毎年どこかの都道府県で行われながら、開催自治体以外では、やっていることすら気付かれなくなった国体。

「私個人としては、国体は要らないと思う」

二〇一六年のオリンピック招致を目指していた〇六年、東京都の石原慎太郎知事はこう発言した。自治体の負担などを問題視し、戦後焼け野原からの復活を期した国体のありかたを考えるべきだと語った。東京でのオリンピック開催に固執する石原知事をして「不要」と言わしめるイベントなのだ。

日体協の傘下《さんか》には大きく分けて二種類の団体がぶら下がる。各都道府県に置かれた地方の体協組織と、「中央競技団体」と称される各種競技の協会・連盟を統括している団体。具体的には、日本陸上競技連盟（陸連）や、日本水泳連盟、日本サッカー協会など約六十の競技団体が並んでいる。

日体協の本部ビル、東京の代々木体育館に隣接する岸記念体育会館は、加盟競技団体や、ＪＯＣが入居するスポーツの総本山だ。文部科学省所管の「公益財団法人」への移行を終えている日体協の現在の会長は、トヨタ自動車会長（現名誉会長）、張富士夫氏が務めている。設立百年を迎えた一一年、前任者の森喜朗元首相からバトンを受けた。

役員名簿を見ると、「学識経験者」と分類される企業家や元トップ選手などを除けば、傘下の加盟競技団体か、地方体協の役員がほぼ全《すべ》てを占める。当然、ほとんどが非常勤役員だが、案の定というべきか、文科省からの常勤役員（専務理事）が一人いる。

日体協については、民主党政権誕生直後に行われた第一回事業仕分け（行政刷新会議）の俎上《そじょう》に載っている。JOCや、サッカーくじによる助成を行っている、日本スポーツ振興センター（旧略称NAASH。現JSC）とともに、その事業内容について議論が行われ、結果は「予算要求の縮減」という結論になった。

法的拘束力がないことから、完全に無視されることもあった事業仕分けだが、日体協の場合には、補助金縮減が行われた。公開されている、一〇年度の補助金等報告書によれば、スポーツ指導者養成事業など直接的な補助金は約四億六千万円、事業委託金を合わせても約九億円で、約六十億円の年間収入に占める割合は一五％に過ぎないとしている。しかし、一二年度の予算（補正後）で内訳を見ると、実際の「補助金等受入収入」は約四十億円だ。直接、国から受け取る補助金、委託金は八億八千万円余りと、僅《わず》かに減少している。しかし、JSCから「スポーツ振興くじ助成金」として、約二十九億円を受け取る。事実上の「公金」であり、全体の収入（約六十七億円）の約半分を占めている。

この日体協が定款《ていかん》に「スポーツを振興し国民体力の向上を図る」として行う事業の筆頭が国体だ。しかし、日体協の予算では、国体開催事業についての支出はわずか四億円に過ぎない。

「実際の大会開催にかかる費用は、開催する都道府県の負担。自治体によって金額は

変化するが、毎年百億円以上が動くこのイベントを、日体協が都道府県に押しつけている恰好《かっこう》だ」（前出運動部記者）

傘下競技団体とメーカーの癒着

たとえば、二〇一二年「ぎふ清流国体」を開催する岐阜県の予算を見ると、一二年度の国体事業費は七十一億円余り。四億円余りの国庫助成以外は、一般財源による岐阜県の負担だ。さらに一一年度にも、二十億円事業費を計上している。これに、各都道府県の代表選手の派遣・宿泊費用を入れると、やはり百億円以上は動くだろう。

一一年、「おいでませ！山口国体」と銘打って行われた大会の参加者は、正式競技の選手・監督だけで二万人余りだった。日体協は、「国体は日本最大のスポーツイベント」と胸を張るが、それどころではない。

過去最大規模となった北京《ペキン》オリンピックの出場選手が一万人であることを考えると、国体は「世界最大」といっても過言ではない。

「しかもこれは、近年の『国体改革』を受けて縮減された数字」

体協関係者の一人はこう語る。終戦翌年にＧＨＱの承認を受けて、近畿地方で始まった国体は年々肥大化の一途を辿《たど》り、一時は現在を上回る数の選手が参加していた。国体の見直し論は、開催自治体が一巡した後の一九九二年にも出たが、近年では二〇〇三年に真剣に討議された。きっかけは前年の高知国体だ。

一九六四年の新潟国体以降、男子の総合優勝に与えられる「天皇杯」は開催都道府県が獲得してきた。開催費に加えて、選手強化費や、「ジプシー選手」と呼ばれる他県からの有力選手の受け入れを行い、強引に総合優勝を目指す様は「天皇杯をカネで買う」とまで揶揄《やゆ》された。これに、二〇〇二年当時の橋本大二郎高知県知事が一石を投じ、実際、高知県は開催県でありながら総合十位に終わった。

ここから、国体の見直し論議が始まったが、加盟競技団体からの反発で難航する。「国体の恩恵を受ける競技団体が、参加選手削減などに反発した。既得権益化した競技規模の見直しをなんとか受け入れてもらった」

前出体協関係者はこう語る。

では、加盟競技団体や各地方体協の代理人として日体協が守る利権とは何か。まず挙げられるのは、施設や用具納入だ。前出運動部記者が語る。

「運営費が開催自治体の負担となっているが、明らかな無駄も多い。不要な施設・用具まで新規調達させられている」

国体改革が叫ばれて以降、用具のリースや都道府県間での融通が一部行われるようになったが、いまだに新規調達は続いている。たとえば、東北地方の県では、ある室内競技で、まだ使用に堪える用具や判定道具一式があるにもかかわらず、新規に数百万円で購入したという。地元の、当該競技団体からの「強い申し入れがあったため」(前出記者)だという。スポーツジャーナリストの一人がこう解説する。

「競技団体と、用具メーカーや納入業者はべったり。国体を口実に、中央競技団体からの要請もあって、新調させるのだろう」

陸連の場合、国体に限らず、全国にある陸上競技場について、設備を統括して、定期的に計測器具などを更新させているという。

「それを使わなくては、公式記録として認めないという脅し」(前出ジャーナリスト)である。サッカーW杯の「公式使用球」のようなもので、スポーツ界が得意とする手法なのだ。

地方の体協組織にも利権

各競技団体以外にも、日体協の支部である都道府県の体協も利権を持つという。天皇陛下が臨席されるということもあり、毎回大規模に行われる開会式での見栄《みば》えをよくするために、参加する選手には、揃《そろ》いのウェアや、シューズ、バッグまでが支給されることが少なくない。関東のある県で、毎年国体に参加している球技選手の一人は「いつも決まったメーカーのものばかりで、入札なんてしていないだろう」と指摘する。

全国の持ち回りが始まってから「国体がハコモノ建設の理由になっている」という批判が出た。全国を一巡したことと、地方の財政が悪化していることもあり、近年は「競技場建設」などという巨大公共事業は少なくなった。そもそも競技場や体育館の建設であれば、もはや体協の守備範囲ではなく、「地元自治体と政治家、土建業界のやりとり」(前出体協関係者)。ただし、体育館や競技場が新設されれば、自然と運動器具は新規調達されるので、競技団体がおこぼれに与《あずか》ることは可能だ。二〇一三年の東京では例外的に既存施設を活用したが、一四年の長崎県では体育館の建設が進んでいる。

前述した通り、日体協は個別競技団体や、地方体協の役員で理事会が構成されており、利益調整は困難を伴う。たとえば、個別競技の参加人数以上に、競技種目の多さが国体の肥大化を招いている。改革プロジェクトチームは苦悩の末、実施されていた四十競技（冬季三競技含む）に十一競技を加えて、ポイント制で評価した。しかし外されたのはなぎなた、銃剣道、軟式野球といったマイナー競技だけで、それも隔年開催は確保されたのだ。

日体協はこうした地方体協や、個別競技団体ばかりか、メーカーを加えた「ムラ社会」のまとめ役なのだ。日体協の理事は、有力競技であれば常に「指定席」となる枠を持っている。半ば名誉職ではあるが、「県体協であれば、加盟スポーツ団体同士の主導権争いで役員が決まることもあり、それは事実上の日体協のポストレース」（前出ジャーナリスト）になるという。

一一年八月の愛媛県大洲《おおず》市体協に続いて、一二年七月二十五日には福岡県久留米市体協で、約九千五百万円もの横領が発覚した。こうした体協による横領は、定期的に発生しており、「補助金漬けの日本スポーツ界の体質」（前出運動部記者）なのだ。一二年に相次いで明らかになった、体協傘下の中央競技団体での補助金不正受給にも通底する。

「ジプシー選手」を野放しに

かねて問題となっていた「ジプシー選手」もいまだ健在だ。国体の時期だけ住民票を移し、「傭兵《ようへい》」として働く選手は後を絶たない。二〇一一年の山口国体でも、三十人以上の選手について、日体協から参加資格を取り消される騒動があった。「山口県からすれば、なぜうちだけと文句を言いたいだろう」（前出運動部記者）。このとき日体協は「以前からジプシー選手問題に真剣に取り組んできた」と嘯《うそぶ》いたが、事実上野放しであることは誰もが知っている。

現に中日新聞の報道によれば、一二年の開催地岐阜県では、出場選手の三〇％以上、百五十四人もの県外出身選手が用意されているという。前出運動部記者はこう語る。

「教職員が多く、学校で教鞭《きょうべん》をとらず、教育委員会で机だけ持つケースもある。一部、余裕のある民間企業が受け入れる例も存在するものの、大会終了後半年もせずに大半が姿を消す『国体ゴロ』だ」

彼らもまた、国体の余禄《よろく》に与る人種だが、それ以上の問題をはらんでいると前出体協関係者は語る。

「ＪＯＣが独立して以降、体協の唯一《ゆいいつ》の仕事はスポーツ振興。しかし現状の国体ではその役割を果たせていない」

毎回上位を占める「ジプシー選手」という存在は、スポーツの裾野《すその》を広げることに繋《つな》がらない。「振興」を標榜《ひょうぼう》する日体協が、スポーツを限られた人間のものとして閉じ込めているという矛盾だ。

「スポーツ振興とは、国民にスポーツを文化として根付かせること。日体協は最近ようやく地域スポーツクラブの支援や、指導者育成をしているが、諸悪の根源である国体をまずやめるべきだ」

前出ジャーナリストはこう指摘する。日本の近代スポーツが百年を迎えた二〇一一年、それまでの振興法を改正して、「スポーツ基本法」が成立した。しかし、振興や選手強化の司令塔となるべき「スポーツ庁」の創設は附則として添えられるに終わった。文科省が主導するというのは多分に問題だが、「やらずぼったくり」で「体育ムラ」でのさばる、日体協からスポーツを奪い返すことのほうが重要だ。

そうでなければ、日本は未来永劫《えいごう》「スポーツ貧国」のままだ。

※

当時、批判を受け予算縮減という憂《う》き目《め》にあった体育協会だが、東京五輪招致決定以降は息を吹き返している。二〇一六年に入り、国立競技場の建て替えに合わせるように、岸記念体育会館の老朽化を理由として、新競技場の近隣へと移転する計画が発表された。地上十四階、約百億円の予算で日本オリンピック委員会（JOC）とともに移転する予定だが、「新国立問題の陰でひっそりと進められた」（雑誌記者）。傘下の各種競技団体からの意見が聴取されたわけでもなく、ため込んでいた内部留保と寄付により賄《まかな》われる。

「オリンピック・バブルで焼け太りを画策している」

こう指摘するのは、五輪問題の取材を続けるフリージャーナリストだ。文部科学省を中心とする「スポーツ村」の問題点が噴出しているが、体協もまたその一員であり、戦犯の一人である。下火になった国体についても、東京五輪を契機として再び注目を集めるよう、メディア戦略が練られている。

傘下に属する各地の体協の不正はいまだ続いている。一六年三月には、東京都多摩市の体協の前会長が、役員報酬を不正に着服する事件が発覚した。また、一時期問題となった競技団体での不正経理問題については明るみにでることがなくなったが「五輪に向けて流れ込むカネが増加すれば、かならず私腹を肥やす人間が出てくる」（某競技団体関係者）という指摘もある。

スポーツ選手が清廉《せいれん》潔白であるというのは幻想に過ぎない。それは、やはり一六年四月に発覚したバドミントン選手によるカジノ問題にも現れている。しかし、「改革する気さえない体協などスポーツ村の姿勢そのものが問題」（同前）なのだ。五輪は来るものの、日本はいまだにスポーツが文化として根付かない「後進国」に甘んじている。

スポーツマフィア 電通

競技団体・スポンサー・メディアを支配

日本は、先進国である米国に次ぐ「スポーツ・ビジネス大国」である。各種プロスポーツ競技はもちろん、アマチュアスポーツ大会の多くにも企業スポンサーがつきテレビ放映される。

「日本のスポーツ・ビジネスに黎明期《れいめい》から携わってきたのが電通。JOC（日本オリンピック委員会）を筆頭として全面的にサポートしてきた。これが日本のスポーツ文化を発展させたが、その一方で業界を牛耳り、悪影響を与えた」

電通のスポーツとのかかわりを見てきた電通OBは自戒の念を込めてこう語った。

言わずと知れたガリバー広告代理店の電通は、一九八〇年代からスポーツへの関与を深めてきた。その中核を担《にな》うのがスポーツ局であり、この国のあらゆる競技団体はもちろん、スポンサー、メディアを支配する。

有力選手を囲い込む

東京・汐留《しおどめ》にそびえ立つ電通本社ビル。この六階にスポーツ局はあり、社員百五十人余り、派遣社員を含めれば約百八十人のスタッフが詰め、大小さまざまな競技やイベント、選手のスポンサー、運営、PR、放映権などについて決定が下されていく。

「営業が大半を占める電通の中で目立つ部署。部長、局長クラスになれば、JOCやサッカー協会といったメジャー団体の幹部ともツーカーになる花形の職場だ」

電通関係者の一人はこう語る。ここが「電通スポーツ帝国」の中枢《ちゅうすう》であり、これに他部署、子会社などが連携する。

「電通は野球以外でもカネを生み出せるよう業界を激変させた。しかし同時にアマチュアスポーツ界を札束でコントロールして狂わせてきた」

全国紙運動部記者はこう語った。その象徴的事例が全日本柔道連盟（全柔連）の一連の金銭スキャンダルであり、背景にはJOCの「シンボルアスリート（SA）制度」が横たわる。

これは五輪でメダル獲得が期待される選手の肖像権を、JOCに四年間で六億円支払うスポンサーが優先して使える制度。表向きは、年間の活動にピークとオフの波があったり、マイナー競技で窓口などのノウハウを持たない選手に一千万〜二千万円の安定した収入をもたらすために作られたと説明されている。しかし実態は「トップアスリートを電通が囲い込み、広告まで作ろうという制度」（スポーツメーカー関係者）だ。

かつては、アマチュア選手の肖像権を一方的にJOCが保有して、CM出演料などを得てきた。しかし、個人の権利が拡大するにつれて批判を浴びるようになり二〇〇〇年前後から代理店や、マネジメント会社と契約する選手が出てきた。この時点ではJOCの肖像権ビジネスには電通以外にも博報堂など他の代理店が関与していた。

ここで電通が編み出したウルトラCがSA制度だ。肖像権自体は選手自身が保有するが、それをJOCに委託させる。SAに選ばれるのは有力選手であり、自らの商品価値を理解していればわざわざJOCにカネをむしり取られずに拒否すればよい。JOCも表向きは選手の自由意思ということにしている。

しかし「実際にはSA登録の取りまとめは競技団体に委《ゆだ》ねられている」（前出運動部記者）ため、本当の自由意思ではないという。各競技団体はJOCから助成金を受け取っている。所属している選手がSAになれば、その助成金は増加する。逆に言えば、選手がＳＡを拒否した場合、助成金が減額されるのだ。そのため団体側は事実上ＳＡ登録を強要することになった。一選手が競技団体幹部に逆らうのは困難だ。電通は競技団体を利用して独占的にトップ選手の肖像権を手に入れたのである。

結果としてそれまで「コーチと選手」だった関係は「ボスとカネづる」になった。そもそも全柔連は〇五年度にＳＡ制が始まって以降、常に有力選手が登録してきた。そもそも全柔連はＪＯＣと関係が深く、理事を送り込み、結果として毎年数千万円の助成金等を受け取ってきた。これは「選手を売った」（前出運動部記者）カネであり、徐々に組織として狂ってしまったのだ。電通のカネ儲《もう》けの結果といえる。全柔連は不祥事の影響により一三年度には各種補助金が削減され、ＪＯＣからの交付金約二千五百万円もカットされた。一二年七月に発表された一三年度以降のＳＡから柔道選手が初めて消えた。

日本水泳連盟や日本陸上競技連盟など他の有力競技の団体幹部もＪＯＣの理事に名を連ねるため、「電通肖像権ビジネス」には人気選手が集まる。ＳＡ制によって電通はＪＯＣに「年間約十億円」（ＪＯＣ関係者）を流す。ＳＡ選手が出演するＣＭの出演料や制作費などはこれとは別に電通の懐《ふところ》に入る。

五輪招致で電通に消えるカネ

ＪＯＣは電通スポーツ局との関係が強いが、これには歴史的経緯がある。遡《さかのぼ》れば前回の東京五輪時代から電通はスポーツ・ビジネスに携わっていた。前出ＯＢが語る。

「当時はあくまで大会とスポンサーを繋《つな》ぐ本業の代理店として関与していた。これが、直接権利を手に入れ、運営に関与するように変わったのは八〇年代だった」

きっかけは一九八〇年のモスクワ五輪ボイコット。当時、ＪＯＣは日本体育協会内の一部署に過ぎなかった。「政治の都合」で大会出場の道を絶たれた選手や所属団体からの反発があったが、アマチュア競技の多くは資金的な裏付けがなく、寄付や政府の補助金に頼っていた。電通はこのＪＯＣに接近したのだ。そして、八四年のロサンゼルス五輪で環境が劇的に変化した。「初の商業五輪」と呼ばれたこの大会で、企業スポンサーをつけ、放映権料を高値で売るというビジネスモデルができた。これに電通は日本側の窓口として関与して五輪ビジネスに本格参入する。五輪マークの使用料に始まり、スポンサー獲得はもちろん、ＪＯＣの運営にも深く関与するようになる。ソウル五輪翌年の八九年には、ＪＯＣが文部省（当時）傘下《さんか》の体協から独立を果たした。

国内五輪放映権を独占するなど、電通は国際オリンピック委員会（ＩＯＣ）とも関係が深い。このため、五輪招致活動も電通の独擅場《どくせんじょう》となる。

二〇〇九年に失敗した一六年東京五輪招致活動では、東京都が使った百五十億円の三割が電通に随意契約で流れていた。一三年九月に開催地が決定する（その後東京に決定）二〇年招致活動の費用も八十九億円に上る。

一二年十月、一六年の招致活動費用について妙な騒動があった。朝日新聞が「都、五輪招致書類を紛失」という「スクープ」を打った。しかし記事掲載翌日に都が「書類がみつかった」として、追及はしりすぼみになった。実は、一九九八年の長野五輪の際にも招致関連の書類がなくなっている。しかも長野の場合は招致委員会が故意に処分していた。よほど不都合なカネの使い道があったのだ。「特命随意契約」で電通に委託される仕事は「総じて割高」（別の運動部記者）だという。こうしてピンはねされたカネがどこに消えているのかは藪《やぶ》の中だ。

長野五輪の中心となったのは西武のドンだった堤義明である。堤はＪＯＣと密接な関係にあったが、これについて前出運動部記者はこう語る。

「ＪＯＣの独立の際に初代会長の椅子《いす》に座ったのが堤。これは電通が堤と組んで、長野五輪という大利権を貪《むさぼ》るための人選だった」

二〇一三年六月、ＪＯＣは堤を最高顧問として再び迎え入れた。招致成功のためのなりふり構わぬ人事だが背後には、電通の影がちらつく。「東京五輪招致に成功した場合、ＪＯＣは現在の契約関係を一度リセットさせることを通達している。自国開催ということでパイが飛躍的に大きくなる。ＪＯＣと東京都が組織委員会を作り、改めてスポンサーを選び直すため、ここでも電通が儲けることができる」（前出スポーツメーカー関係者）。

メディアと広告を牛耳る「興行主」

電通スポーツ局はＪＯＣだけでなく、各競技団体とも直接繋がる。日本の競技団体だけでなく、国際バレーボール連盟（ＦＩＶＢ）や、国際水泳連盟（ＦＩＮＡ）とも関係が深く、国際大会の運営権を保有している。日本バレーボール協会はもちろんＦＩＶＢも「電通におんぶにだっこ」（バレーボール協会関係者）の代表格だ。電通と組んで「ワールドグランプリ」と銘打った試合を継続的に行っている。

「電通は代理店ではなく自らがスポーツ・イベントの興行主になる。しかもメディアとスポンサーを握る日本最大の広告代理店でもあるため、あらゆる段階で手数料収入を得ることができる」

電通はスポーツ・イベントからどのようにカネを抜くのか。

「東京マラソン」は五輪招致のPR・デモ大会として二〇〇七年から始まった。「電通はこの大会の提案者」（前出運動部記者）で大会運営にも深く関与している。

大会運営費の収支を見ると一人一万円を徴収する参加料収入は約四億四千万円（一二年大会・以下同）。一方で協賛金収入が十一億八千万円ある。ここで協賛企業の代理店として電通の手数料が発生する。また、日本テレビとフジテレビがたすき掛けで中継している放映権料収入（三千二百万円）の部分も電通が所掌する領域だ。支出では十億四千万円の運営費が計上されており、ここからも委託料が発生する。さらに大会の広報費（二億四千万円）もある。東京マラソンの場合、放映権料の額が小さいように感じられるが、イベントの規模が拡大すればそれだけ電通の実入りは比例して増える。

電通は歴史的に見て日本サッカー協会と関係が深く、一〇年まで電通のサッカー事業局はスポーツ事業局（当時）から独立していた。日本代表の試合の放映権料を独占して取り扱い、一四年六月までの契約では一試合当たり一億五千万円だ。

サッカー協会の場合、電通との契約はサッカー協会に入る金額がまず決められる。

つまり、一億五千万円に手数料を上乗せして放送局と交渉するが、「通常一五〜二〇％」（サッカー協会関係者）が相場だ。サッカー協会と直接契約しているアディダスジャパンを除いて、キリンホールディングスやみずほフィナンシャルグループなどオフィシャルスポンサーは電通を通じて年間十数億円ずつ契約料を支払っており、同じように手数料を上乗せする。加えて試合運営にも電通が不可欠だ。

「最近（一一年）子会社化された『ジエブ』という会社がチケット関係から現場の警備に至るまで差配する」（前出サッカー協会関係者）

海外でも日本式ビジネスを

電通はＩＯＣに接近した一九八〇年代に、国際サッカー連盟（ＦＩＦＡ）とも良好な関係を築いた。八二年には、ワールドカップの放映権料を独占的に扱うＩＳＬという代理店を独アディダス社とともに設立した。その後、ＩＳＬは破綻《はたん》したがいまだにワールドカップの国内放映権料の窓口は電通だ。サッカー事業局はスポーツ事業局と統合されてスポーツ局になった。

スポーツ振興くじ（サッカーくじ）にも「電通の影が見え隠れする」（別の運動部記

者）という。日本スポーツ振興センターはサッカーくじによる収益（約七百億円）や国からの補助金（約二百五十億円）などから各競技団体や自治体への助成事業を行っている。ＪＳＣの理事長は河野一郎だ。医師で筑波大学教授でもある河野は長年ＪＯＣの理事を務め、東京五輪招致委員会の事務総長も務める「電通スポーツ人脈」に連なる人物。役員には文部科学省や財務省の官僚が天下りしているが、彼らに業務能力はない。

「電通との関係が薄いのは野球と相撲くらいだ。あとの競技は、多かれ少なかれ電通の影響下にあるといってもいい」

前出運動部記者はこう語る。現在、電通はスポーツのパイを海外にも求めている。同社は広告代理店として中国をはじめとする海外市場に飛び出しているが、スポーツでも同様のことを始めたのだ。二〇一三年七月四日、ＩＯＣは一四年のソチ冬季五輪、一六年のリオデジャネイロ五輪の中央アジア向け放映権を、電通が取得したことを公表した。日本以外での五輪放映権ビジネスへの参入は初めてだ。また、四月には、シンガポールの電通スポーツアジアが、ミャンマーで行われる東南アジア競技大会の企業協賛を調整する代理店として選ばれている。

スポーツマフィア。巨額のスポンサー収入や放映権料を背景に加盟国を支配するＩ

ＯＣとＦＩＦＡを形容する際によく用いられる言葉だ。

電通スポーツ局を核とする「帝国」は日本国内の数兆円にも上るといわれるスポーツ市場から利益を生むために、さまざまな影響力を行使する。まさに日本のスポーツマフィアなのだ。海外にも触手を伸ばしその牙城《がじょう》をさらに強固にしつつある。

※

二〇一六年四月、バドミントンの有力選手二人が裏カジノへの出入りを認めて、所属するＮＴＴ東日本から解雇・出勤停止処分を受けた。バドミントンというマイナースポーツ選手までもが、二千万円という高額の報酬と、ＮＴＴという大企業社員としての安定した地位を手にいれられるようになったのは、電通による「五輪マーケティング」の賜物《たまもの》である。

この国のスポーツ界は世界でも例を見ない「企業依存」の発展を遂げてきた。バレーボールやバスケットボール、長距離走など多くの競技が実業団で選手を育成している。かつては社員の連帯感などのために活用されてきたが、二〇〇〇年代に入って多くのチームが廃部に追い込まれた。その一方で、五輪でメダルが取れる種目や選手はいまだに企業にとって広告塔として引っ張りだこだ。電通スポーツ局が編み出した金を生むシステムによって、多くの選手が潤《うるお》っている。しかしそこにあるのはカネ勘定だけだ。これは選手だけでなく企業側にもいえる。スポーツの結果だけを求め、社員として必要な教育を施すことなく好き放題させた結果がバドミントン選手の不良行為のような形で表出したのである。電通によるスポーツ界支配の功罪といえるだろう。

二〇年の東京五輪を巡るドタバタの背後でも電通は暗躍した。大騒動となったエンブレム問題では、五輪組織委員会の責任が厳しく追及された。「盗作騒動」まで勃発《ぼっぱつ》したエンブレム問題の本質は、組織委が密室ですべてを決定してしまう体質であった。その戦犯の一人が組織委マーケティング局長だったが、このポストに座っていたのは電通からの出向社員だった。エンブレムが白紙撤回された後になって、当該局長ともう一人の電通社員が事実上の更迭《こうてつ》となり、本体に戻った。これですべてが解決するかと思われたが、そのわずか二週間後に選ばれた新任マーケティング局長はまたしても電通からの出向社員だった。

「電通でなければ五輪が動かせない」

東京都の五輪担当職員はこう語る。組織委スタッフ約六百人のうち、半分は東京都からの職員で、残りはスポンサー企業や文部科学省からの出向者だ。しかし、「現実的に組織を動かしているのは電通から来たスタッフ」（同職員）だという。

東京五輪を巡っては、エンブレム問題のみならず、新国立競技場に代表される会場問題や、一兆円を超えると試算される運営費など課題が山積している。これらは文部科学省や、そこから分離されたスポーツ庁による杜撰《ずさん》なかじ取りによる問題であると同時に、電通による強引な招致と利権ありきの運営の結果だといえる。ある全国紙運動部記者が語る。

「五輪問題で森喜朗元首相が槍玉《やりだま》にあがるが、実際には彼は大したことはしていない。森氏が『悪役』として目立つことで、電通の悪事は陰に隠れる」

東京五輪に向け電通スポーツ局の我が世の春は続く。

原発城下町

交付金なしでは生きていけない

「原発立地自治体は禁断症状を起こしている。クスリを断たれた麻薬中毒患者が、フラッシュバックを起こしているようなものだ」

新潟県議会議員の一人はこう語った。二〇一二年一月と三月に、五号機六号機が相次いで運転を停止して以降、東京電力柏崎刈羽《かりわ》原子力発電所の火は落ちたままだ。同年十一月十八日には、同発電所が立地する柏崎市と刈羽村の両方で首長選挙が行われたが、「原発の是非」が最大の争点にならず、これからも原発と共生することを住民が「自決」した。

政府と電力会社によって原発マネーを流し込まれてきた原発立地自治体。いわゆる「原発城下町」は福島第一原発事故から一年半が経過した今（一二年十一月時点）、原発が落とすカネへの依存を再認識している。そして、七月の関西電力大飯《おおい》原子力発電所の再稼働《さいかどう》（一三年九月に再停止）により、それが加速している。

交付金の実態

「福島の事故直後は震え上がった。でもいまは原発が動いてくれてありがたい。地元の本音はほとんどが似たようなものじゃないか」

福井県おおい町。再び「原子の火」が灯《とも》ったこの町で、原発下請け企業で働く男性はこう語った。町は、再稼働を巡る一連の騒動がウソのようだ。橋下徹大阪市長を代表とする関西の首長と、関西電力や政府との対立中には、マスコミや反原発活動家が押し寄せた。

「テレビ局にマイクを向けられても、話す気はなかった」

この男性はそう語る。マスコミの人間が「強引な再稼働によって困る地元民」という型にはまった声を集めようとしていたことに違和感があったからだ。

原発マネーによる地元住民への恩恵には濃淡がある。「電源開発促進税法」「発電用施設周辺地域整備法」「電源開発促進対策特別会計法（現在は『特別会計に関する法律』）」。いわゆる電源三法に依拠した交付金は、県はもちろん、立地自治体の財政を潤《うるお》してきた。しかし、この交付金は立地調査や着工当初に手厚く交付され、稼働後は徐々に減らされていく。結果として、稼働から時間が経《た》つと、発電所から直接原発マネーを享受《きょうじゅ》できる従業員や関係企業と、それ以外の住民の間に格差が生じる。おおい町の町議の一人はこう語った。

「原発からのカネの影響を受けていない人間は少数派だ。それでも直接受け取っていない町民を中心として、原発再稼働への不満があったのは事実」

報道では、再稼働説明会での反対住民の声のほうが大きく扱われた。しかし前出町議は、「再稼働反対は住民の総意じゃない」と断言する。

おおい町を複雑な思いでみつめる近隣自治体も多い。

「こっちはいつ動くんだという地元の声は日増しに大きくなる」

敦賀《つるが》の地元議員の一人はこう語った。日本原子力発電（日本原電）の敦賀発電所をはじめとして、複数の原発を抱えるこの地域は全国にある原発城下町とは性格を異にする。日本原子力研究開発機構（原子力機構）が持つ「もんじゅ」や「ふげん」は日本が掲げてきた「核燃料サイクル」路線の根幹を担《にな》う施設だ。

「核燃サイクルという画《え》に描いた餅《もち》を実現するために、この地域には特別な配慮がされてきた」

地元紙記者はこう語る。ナトリウム漏れという重大事故を起こしてなお、核燃サイクル路線を堅持してきた原子力ムラから湯水のようにカネが投入された。

これまでに「表のカネ」だけで一千億円以上が流れ込んだ一方で、「匿名寄付《とくめい》」という形で百億円ものカネが敦賀市に支払われている。

こうしたカネは公共事業という名目で地元を潤す。

「交付金によるハコモノ建設はもちろん大きいが、それ以外の公共事業でも美味《おい》しい思いはできる」

敦賀市内の建設業者はこう語るが、詳しい事情については口を濁した。

福井県下の建設業者の一人はこう説明する。

「原発立地自治体の公共事業は、いまだに談合が多い」

原発マネーが流れ込み、公共事業が多いのは当然だが、実際にはこうした自治体による公共事業は「単価が高い」（関西のサブコン関係者）ことで知られる。

「これを仕切るのは地元建設業者の団体と政治家。中には関西の広域暴力団との繋《つな》がりを指摘される業者まで存在する」

前出の福井の建設業者は打ち明ける。ある工事では、幹線道路（市道）の路肩整備が行われたが、落札価格が一億数千万円だった工事費用は、「もし他の自治体であれば、その八割にも届かなかったのではないか」という。

原子力とは決別できない

「原発から来るカネは、交付金と寄付金だけではない。もっと見えにくいカネもある」

原発建設後も、施設内の工事は発生する。時に「必要以上」（前出サブコン関係者）の舗装やり直しなどが行われるが、軒並み相場より高いという。

「こうしたカネが、地元議員にも還流しているのだろう」

前出福井の建設業者はこう語る。私企業である関西電力がいくら高値で工事を発注しようが自由かもしれない。しかし、実際には総括原価方式で電気代という他に選択肢のない公共料金に漏れなく反映されている。「公共事業も関電の工事も手口は同じで、経費、資材代を広く水増しする」（同建設業者）。

おおい町長の場合、長男が直接原発の工事を受注する会社を経営していることが批判された。これについて、同建設業者は「欲の皮が突っ張り過ぎ」と鼻で笑う。前出サブコン関係者はこう語る。

「仮に自ら受け取らずとも、盆暮れに領収書の要らないカネを持ってこさせればいい話」

細かい話では、祭りなどでの寄付や、弁当の仕出し、文房具などの消耗品購入など、電力会社からのカネはきめ細かく投入される。「関電からもらうカネがなければ、祭りの規模も縮小してしまう」と敦賀市内の商店経営者は語る。

二〇一二年二月、柏崎市の会田洋市長は市内で行われた会合で、国や県を前にして将来の「脱原発」を目指すと表明した。福島の教訓をもとにするという話を会田市長が話す一方で、刈羽村の品田宏夫村長は「原子力とは決別できない」とあっさり言ってのけた。

この温度差は個人によるところもあるが、両自治体の「依存度」の違いが大きい。柏崎市の予算（一二年度）のうち電源三法交付金や東電からの寄付金などの「原発関連財源」は約七十三億円で、予算全体（五百十八億円）の一四%を占める。一方の刈羽村は百八億円の予算のうち約三割を原発関連財源が占める。

原発従業員は約七千人。柏崎の人口は約九万人、刈羽村は約五千人。冒頭で述べた通り東電の原発は運転を止めているが、六月には定期検査の作業は終えている。

十月に入り、柏崎刈羽原発を巡り、一つの訴訟が新潟地裁に提訴された。原発運転差し止めの第二次訴訟だ。しかし、その原告数は五十八人、四月の一次訴訟と合わせても百九十人程度に過ぎない。

刈羽村の商店主は「村の目を考えれば反対運動などできない」と明かす。ここでも福井と同じ光景が広がっている。十月一日には、原発から目と鼻の先に「ぴあパークとうりんぼ」がオープンした。二面のサッカー場や、宿泊施設などを併設したものだ。原資は東電からの四十億円の寄付だ。村は過去にも交付金で図書館やプール、公園を建設している。

原発マネーに絡《から》め取られた

柏崎市でも同様のハコモノが林立しており、その財源は三千億円にも上る「表のカネ」で賄《まかな》われた。大都会と比べても見劣りしない豪華施設を抱えながら、柏崎市の財政は危機的状況だ。現在、五百億円もの財政赤字を抱えている。

「ハコモノの維持費だけで数千万円規模の赤字が毎年出る。さらに、背伸びをした公共事業を止められなかった」

地元商工会関係者はこう語る。交付金が減少していく一方で、東電からは福井と同様に工事や寄付といった形でカネが流れ込む。「結果としてますます原発に依存していく」（同前）。

地元建設業者の一人はこう語る。

「福島の事故後も、地元議員と建設業者は新たな利権はないかと画策している」

新規原子炉は難しいが、各地の原発で満杯になりつつある使用済み核燃料の一時貯蔵施設や、福島からの放射能汚染物質の保管場所などの話が持ち上がっているという。原発事故の悲惨を目《ま》の当たりにしながら、新たにカネを引っ張ろうという魂胆なのだ。

集まるのは建設業者だけではない。県内の漁業関係者はこう語る。

「柏崎刈羽原発周辺の、ある漁協には東電の口座がある。事実上の資金援助だ」

一部の実験炉を除き、我が国の原子炉は総じて海に面して立地している。地元漁協には漁業権の補償として一戸当たり数千万円が流れ込むのはもちろんだが、その後も優遇されていることがわかる。柏崎では「漁業権交渉の際には得体の知れない自称漁師が急増した」（前出漁業関係者）という。

原発稼働後は「環境調査」なる名目で、東電からの仕事も受注する。冷却用海水の取水口周辺を見回るだけでいい収入になるという。

冒頭に述べた通り、二〇一二年十一月には、柏崎市と刈羽村の両自治体で首長選が

行われた。刈羽村は無投票が八年続いた後の選挙、柏崎市では有力対抗馬が取り沙汰《ざた》されたものの、

「会田市長は脱原発色を匂《にお》わせることで、九万都市の浮動票を狙《ねら》ったのだろう」

冒頭の県議はこう解説する。ただし柏崎市は、福島原発事故直後に行われた地方選では、原発推進派市議が全員当選した。強く「反原発」を打ち出せば落選必至なのだ。建設業者などの集票マシーンを敵に回しては生き残れない。

福島第一原発事故や、それ以後の再稼働を巡る議論は、既存の城下町に焦燥感を生み、かえって原発の重要度を再認識させるという皮肉な結果を招いている。

「ワシらは原発のカネに絡め取られた。もう元には戻れない」

青森県六ヶ所《ろっしょ》村で細々と農業を続ける住民はこう語った。

下北半島の太平洋側に位置する、人口一万一千人の村はかつて、酪農と農業しかない典型的な過疎《かそ》地だった。それがいまや「日本一裕福」な自治体といわれる。

この村には日本の核燃料サイクルの基幹企業である日本原燃が本社を置いており、原燃から税収が得られるのだ。一二年度の「村税」の見込みは六十八億円だが、そのうち約六十億円が原燃のものだ。一般会計予算規模は百三十億円余り（一二年度）。単純比較するのは難しいが、人口規模がほぼ同じ熊本県南阿蘇村の予算の二倍。同じ青

森の人口八千人の田舎館《いなかだて》村の一二年度予算は三十四億円だ。しかも、六ヶ所村は地方交付税の不交付団体であることを忘れてはならない。通常、標準の財政規模を超える税収があると、県に納めねばならない。六ヶ所村の予算はありあまる税収を使い切るために膨れ上がっている。わずか一万一千人の村民はここから手厚い行政サービスを受ける。使途が制限される「電源交付金」とは別に一般予算の半分近くを原燃から受け取れるのだ。

国と電力会社を脅した六ヶ所村

当時の民主党政権が掲げた「脱原発方針」が仮に計画通り進めば、核燃サイクルという概念自体が吹き飛ぶ。

二〇一二年九月に村議会は、「恫喝《どうかつ》」とも呼べる議決を全会一致で採択した。核燃サイクル再処理を止めるのであれば、使用済み燃料を即刻搬出するように求めたのだ。各原発の燃料貯蔵プールが満杯に近いことは周知の通り。仮に現在六ヶ所村にある使用済み核燃料棒を各電力会社の持つ原発に戻すことになれば、貯蔵プールは溢《あふ》れ、再稼働どころではなくなる。それをわかった上で、国と電力会社を脅したのだ。

「東電が青森・東通村《ひがしどおり》に七千六百万円を寄付したことが明るみに出たが、むつ市や六ヶ所にも流れ込んでいる」

原発取材を続ける全国紙記者はこう語る。全国のすべての原発再稼働を人質にとれる六ヶ所村は、数ある「城下町」のなかでも別格であることがわかるだろう。

「麻薬中毒者が、クスリ欲しさに強盗をするようなものだ」

前出全国紙記者はこう語った。

原子力ムラがカネを城下町に流すシステムはいまだ健在だ。

城下町の住民は自らの意思でクスリに手を出したのではないかもしれない。しかし原発の数だけ全国に「中毒患者」がいることは事実だ。この連鎖を断ち切らなければ、彼らは今後も「原子の火」に寄生して生きていく。

※

東日本大震災とそれに続く東京電力福島第一原子力発電所の事故から五年以上が経過した二〇一六年九月現在、九州電力の川内《せんだい》原発の一・二号機と、四国電力の伊方《いかた》原発三号機が稼働している。ほとんどの原発が停止を余儀なくされている状況が五年以上も続いているが、城下町の原発依存が緩和されているわけではない。否《いな》、むしろ禁断症状が強まっているというべきだろう。

一五年夏に再稼働した川内原発、一六年一月に再稼働した関西電力高浜《たかはま》原発（後に運転差し止め仮処分により停止）、同年八月の伊方原発。どれを見ても地元自治体はあっさりと再稼働に同意した。このほかに再稼働が見込まれている他の城下町も、原子力規制委員会による審査の行方とその先にある再稼働を、首を長くして待っている状況だ。

本記事内で「別格」と言及された青森県六ヶ所村の現状にも変化はない。規制委は一五年十一月に高速増殖炉もんじゅに関して、日本原子力研究開発機構（JAEA）による管理を不適格と認定。新たな運用先を見つけるように迫った。相次ぐトラブルを考えれば当然の結論のようにみえるが、一方で政府はいまだにプルトニウムを再利用する「核燃料サイクル」を堅持する姿勢を見せている。一六年九月に、政府はもんじゅを廃炉する方針を固めた。

しかし、原発推進派の中には、「もんじゅと核燃サイクルは別物」という論法で、国内にたまり続けるプルトニウムを既存原発で消費するためにMOX燃料への処理を行う六ヶ所を堅持すべきだという議論をする勢力がある。しかし、もんじゅがプルトニウムを増産し続ける核燃サイクルの一環として建設されたことは動かしがたい事実である。両者を分離するのは無理な議論だ。

政府が破綻《はたん》した核燃サイクルに固執しているのは、二兆円以上がドブに捨てられた六ヶ所という特殊城下町を堅持して、責任問題を回避するためだ。

原発城下町に代表される利権構造が、原子力ムラによる無責任な「原発安全神話」を生み出す土壌となった。エネルギー問題を議論するうえで、原発稼働の是非は分かれるだろうが、この利権を打破しない限りムラが抱える癌《がん》は温存される。

自民党東京都連

党本部も手を出せぬ「利権の伏魔殿」

二〇二〇年の東京オリンピック開催に向けて着々と準備が進んでいるが、招致に成功した東京都には「土着権力」とも呼ぶべき大きな勢力が存在する。都議会を牛耳り、都政において利権を我が物にする自民党東京都支部連合会（自民党東京都連）だ。

このことを理解するために一二年十二月に行われた都知事選挙まで時間を巻き戻す。今やすっかり「過去の人」になってしまった、猪瀬《いのせ》直樹氏が華々しく都知事選候補者として躍り出たときだ。

前任者の石原慎太郎氏の指名を受けた猪瀬氏は自由民主党や公明党のバックアップを受けている。十一月十六日に自民党の石破茂幹事長が公式に「猪瀬支援」を発表したが、自民党東京都連は最後まで難色を示し続けた。

「猪瀬氏が当選した際には、都議会の自民党と早晩対立する」

全国紙都庁担当記者は当時こう断言していた。

〇九年七月の都議会議員選挙で民主党に最大会派を明け渡したとはいえ、長年、公明党とともに東京をコントロールしてきたのは自民党東京都議団だ。

警察・消防の予算を握る

「都連は総裁でも手を出せない伏魔殿だ。一部大物幹部が主導権を握る独立国のようなもの」

自民党関係者はこう語る。千代田区永田町、国会議事堂側の国有地に自由民主会館、即《すなわ》ち自民党本部が立つ。正面入り口を入って右に進んだ一番奥に都連は居を構え、一階のなかでも広いスペースが確保されている。なぜ一介の支部であるはずの都連が強大な力を持つのか。

東京都の六兆円を超える（二〇一二年）一般会計予算は、中規模国の国家予算にも匹敵する。

各種インフラ整備に投資される都の予算は八千億円を超える。これは、近年最低であった〇四年（約五千六百億円）から、年々増加してきている。また、「九千億円余りの福祉保健局予算のなかにも、施設補助金などで自民党議員が口利《くちき》きする余地がある」（都議会関係者）。

「自民党東京都連の権力の源泉は警察・消防委員会。このポストを握り続けてきたことでやりたい放題ができた」

前出の都庁担当記者はこう語る。警察・消防委員会は都議会に設置された委員会のうち、特にベテラン都議が集まる場所だ。警視庁OBの一人はこう語る。

「日本最強の捜査機関である警視庁の予算を握ることで首根っこを摑《つか》むのが最大の目的。交通違反見逃しやトラブル処理を依頼することはもちろん、捜査二課（贈収賄《ぞうしゅうわい》等担当）の手が都議へ及ばぬようにするための予防線になる」

警視庁と都連はずぶずぶだという。前出都庁担当記者はこう語った。

「環境・建設委員長のポストには公明党議員が座ることが多く、自民党と棲《す》み分けている」

公明党が関与したがる都営住宅については譲りながら、公共事業については自民党が牛耳ってきたという。

都による道路や港湾の整備では、自民党都議が暗躍する。指名競争入札であれば、指名業者に入れるように「建設局や港湾局の担当者にねじ込む」（前出都議会関係者）。

あからさまにキックバックを受け取る議員は以前より少なくなったというが、建設業界ではそういった噂《うわさ》が絶えない。

「表のカネ」として、政治資金パーティーを開いて、広く集める例もある。〇九年の都議選で当時吹き荒れていた「民主党への風」で落選したものの、落選中も都連顧問として自民党控室などにも頻繁に出入りしていた実力者、髙島直樹氏は一三年の都議選で見事返り咲いた。その髙島氏の後援会はパーティーの収益を政治資金収支報告書に記載せずに、国税庁から指摘を受けたことがある。毎年開催されていたパーティーの五年分の収益は一億円に上った。

こうした都連実力者の権力にはどのようなものがあるのか。さまざまな噂が飛び交う。

港湾局が所管する、ある施設改築工事の際には、専門性が必要な工事であったために指名業者が限られていた。そこに「都議から圧力がかかって中堅建設業者が入って結局落札した」（都庁関係者）という。

また九千億円にも上る福祉予算のうち、二千億円余りが老人福祉施設への補助金などに使われる。

直接カネを懐《ふところ》に入れるわけではなくとも、選挙前ともなれば地元福祉施設からの要望を聞き、補助金がもらえるようにねじ込むことも日常茶飯事だ。

「都連のボス」内田茂氏の権力

前出都議会関係者は、近年増加傾向にあるプロポーザル（提案）型入札による公共事業により、自民党議員が介入する余地が増えると語る。

「競争入札では各社最低ラインに横並びになり旨《うま》みが少ない。提案型であれば、官僚側の理由づけの作文さえうまければ高い価格でも落札できる。また、都議の介入余地も大きい」

また、都職員採用を巡る口利きも横行する。正規職員は難しいが、臨時採用と名の付く再雇用を繰り返す形の職員採用枠に都議が人を押し込む。城東地区選出の都議は、地元後援者の親族を都の外郭団体である特殊法人の正規職員に採用するよう働きかけた。

悪質が際立《きわだ》ったのは、石原元知事の肝煎《きもい》りで設立された新銀行東京の融資だ。二〇〇八年、公明党都議が中小企業への融資を口利きしたことが明るみに出たが、「自民党都議の一部も地元区議などと結託して新銀行東京に融資させた」（前出都庁担当記者）という。多くの融資先が倒産して債権回収が不可能となったが、そのうちの幾つかは貸出先の行方すら分からなくなっていた。杜撰《ずさん》な融資につけ入り、カネを還流させた疑いが浮上する。

このとき、警視庁の捜査二課は議員へのキックバックなどの証拠集めに動いていた。そして都議逮捕直前まで迫ったのだが、捜査は突然終結してしまう。「警視庁の上層部が、予算を握る自民党に配慮した」（前出警視庁OB）といわれる。

六兆円の予算がもたらす利権の大きさが、自民党内での都連の発言力に直結している。こうした構図は、公明党が都議会で躍進した一九六〇年代から始まったという。元衆議院議員の深谷隆司氏らが都議を務めていた時代から都連は存在感を強めてきたのだ。

「現在の内田茂都連幹事長は、その権力の大きさが際立っている」

前出自民党関係者はこう語る。内田氏は二〇一三年の都議選で返り咲くまで、落選中だったにもかかわらず都連幹事長の椅子《いす》に座り続けた。自民党都議団への影響力が絶大であるばかりか、都連の実権も握る。「都連会長の石原伸晃《のぶてる》など歯牙《しが》にもかけない」（前出自民党関係者）。知事選での猪瀬氏擁立に最後まで抵抗したのも内田氏だ。

一九三九年（昭和十四年）生まれの内田氏は、八九年に千代田区議から都議に転出し五期連続で当選を重ねた。その後、都議会自民党政務調査会長や、都議会議長などを歴任してきた。内田氏が「都連のボス」になれたきっかけは、九一年の東京都知事選挙だ。自民党本部が立てた対立候補に都連が反発して、現職の鈴木俊一知事の四期目を後押しした。

「ただし都議二年目だった内田はこのとき負けた党本部側にも近づいた。もちろん都連とは距離ができたが、公明党とのパイプができた。このパイプが現在の内田の地位を作るひとつの礎《いしずえ》となった」

都政をよく知る政界関係者はこう語る。党本部は公明党と共同で対立候補を支援していた。当時の都議会公明党と言えば重鎮藤井富雄氏が君臨していた時代だ。その後、九五年の知事選で勝利した青島幸男知事時代に内田氏は頭角を現すようになる。政治手腕ゼロの青島知事のせいで都政が混乱するなかで内田氏は公明党とともに議会をリードするようになったのだ。

東京という巨大な「ムラ社会」

大手ゼネコンはもちろん、中小建設会社も「内田詣《もう》で」を怠らない。以前は毎年赤坂プリンスホテルで開かれ、現在は東京プリンスに場所を移した内田氏のパーティーには、「建設業者が集結する」（前出政界関係者）。

現在計画が進められている豊洲《とよす》新市場建設など、「都の公共事業の多くで自民党都議の影響力が見え隠れする」（前出都庁担当記者）というが、ゼネコンなどからの利益供与は当然見えにくい。

自民党都議と建設業界の癒着について、直接関与した関係者からの証言を得ることができた。二〇〇〇年代前半に都心部の区立小学校の建て替えが行われた。以下は関係者の証言だ。

「入札でゼネコンA社が指名を外れた。その後、裏工作により指名がやり直されA社が受注したが、当該区選出の都議Bは『A社からの挨拶《あいさつ》がない』と横槍《よこやり》を入れた」

最終的にこの関係者は、A社の担当者から「六千万円を運んだ」という言質《げんち》までとった。「都議Bに渡したとみて間違いない」と関係者は断言する。

自民党都議は、自らの選挙区の自治体行政との関係も深い。たとえば内田氏は、地元千代田区政に強い影響力を発揮する。

前出政界関係者は語る。

「内田は特に千代田区での再開発事業などで跋扈《ばっこ》している」

この政界関係者は現在進行形の話として、「永田町小学校問題」を挙げる。自民党本部と道を挟んだ向かい側に、区立小学校の「跡地」がある。一九九三年に廃校となったままだ。内田氏らはこの跡地に自民党本部を移転しようとしているという。この区有地を、財務省理財局が所有する国有地の公務員宿舎と交換した上で自民党本部が移るという青写真だ。

「石原慎太郎は一時期、自民党都連が持つ利権構造に手を入れようとしたことがある。しかし結局は都連側が勝利し、あの石原が内田に頭を下げた」

前出政界関係者はこう語る。石原二期目の二〇〇五年、都の補助金で建設された東京都社会福祉総合学院の建物を、民間の学校法人に転貸している事実が明るみに出た。石原氏の右腕だった浜渦武生《はまうずたけお》副知事の意向が働いたとされる。

しかし、都議会はこの問題を無視し続けた。業《ごう》を煮やした浜渦氏は、議員個人に接触して都議会でこの問題を質問するように働きかけた。いわゆる「やらせ質問」だ。これに自民党は猛反発した。福祉総合学院の建設には、福祉・建設という自民党都連の利権の本丸でもあり、都庁ＯＢも深く関与していた。警視庁へ告発する動きもあったが、「内田らが既に根回しを終えていた」（前出警視庁ＯＢ）ために、刑事的には立件されなかった。

しかしその後、やらせ質問の発覚を受けて自民党が主導して東京都では三十五年ぶりの百条委員会が開かれる騒ぎになった。自民党は一気に浜渦氏を辞任に追い込むつもりだったが、石原氏は抵抗をした。そこで、「内田は、公明党都連幹事長などを引き連れて石原と会談の席を設けた。その場で最終的に石原は内田に頭を下げて、浜渦の辞任を呑《の》んだ」（前出政界関係者）。

内田氏は、都政運営などを人質に取るとともに、「石原知事の三男で、同年に衆議院選挙に出馬予定だった宏高氏に自民党からの公認を出さない」（前出都庁担当記者）と脅したという。浜渦氏が去った後は、石原知事と都連の関係はそれまでより改善した。

このように内田都連は、「都庁や警視庁をも巻き込んで利権システムを構築している」（同前）。

同記者が続ける。

「東京都は大都会の顔をしながら、一皮むけばムラ社会。低レベルなことが常に行われている」

舛添《ますぞえ》都政下でも力は健在

二〇一二年十月、千代田区内の限られた関係者に怪文書が送りつけられた。内田氏を快く思わぬ勢力の手によるものと思われ、公務中のゴルフの内容などが書き立てられていた。千代田区では一三年二月に区長選を控えていた（石川雅己氏が四期目の当選）が、内田氏はコントロールの効かなくなった現区長に対立候補を立てることを画策していた。

失脚した猪瀬氏は、副知事就任当時に内田氏が率いる自民党都議団と衝突した。内田自民党は東京二十三区を国の直轄《ちょっかつ》地とする「東京DC特区」構想を掲げていた猪瀬氏の副知事就任に反対したのだ。「最終的に猪瀬氏が特定の所管を持たないという条件で同意を取り付けた」（前出都庁担当記者）経緯があった。都連側は道路公団批判などをしてきた猪瀬氏に、利権に踏み込まれては困ると考えたのだ。

しかし実際には、いわゆる「徳洲会《とくしゅうかい》事件」をきっかけとして猪瀬氏が失脚してしまった。知事の椅子に座っているのは舛添要一氏だ。当選前から内田氏を味方につけて支持者回りをしていた舛添氏に、内田氏に抵抗する力はない。東京オリンピックに向けて、内田東京都連をコントロールできる人間はいない。

※

二〇一六年五月、舛添要一・東京都知事の金銭スキャンダルが一気に噴出した。政治資金を家族旅行に使っているなど、杜撰な管理が行われている実態が明るみに出て窮地に陥ったが、これに対して当初、「都議会自民党は静観の構えを見せた」（全国紙都政担当記者）。

「舛添知事に辞められても困るので、嵐《あらし》が去るのを待っていた」

前出都政担当記者はこう指摘する。本稿で指摘したとおり、自民党東京都連にとって都合のいい舛添知事をなんとか続投させようと模索したのだ。

しかし、その目論見《もくろみ》はあっけなく破綻《はたん》してしまった上、自民党都連と内田茂を目の敵にする小池百合子《ゆりこ》新知事の誕生を許してしまった。その責任を取る形で、内田は幹事長ポストを辞任したが、いまだに都連が内田に支配されていることは変わらない。

週刊誌などでは、「内田利権」を巡る疑惑が取り沙汰《ざた》され、世論やマスコミの論調は内田や都連にとって逆風となっている。ようやく世間が都連という伏魔殿に気づいたのだ。

小池新知事は選挙中の公約どおり、都議会自民党との対決姿勢を緩めていない。築地市場の豊洲への移転を延期したほか、五輪利権にも切り込む準備を進めている。実際に都議会が始まれば、最大勢力を誇る自民党による抵抗は熾烈《しれつ》になる。都政ウォッチャーはこう語る。

「自民党都連と水面下で繫《つな》がってきた都庁の職員も知事の敵になりかねない」

小池氏が内田を筆頭とする自民党都連の利権をどれだけ暴くことができるか。もしくは返り討ちにあうのか。まだ端緒についたばかりだ。

第二部

不義と不正の巣窟《そうくつ》

人工妊娠中絶

年間二十万近くの「捨てられる命」

「中絶がタブーである限り闇《やみ》はなくならない」

関東地方で複数の産婦人科医院を経営する開業医はこう指摘する。この医師は「必要な堕胎はある」としたうえで、日本人が人工妊娠中絶から目を背けてきた事実を見つめるべきだと語る。特に「出生前診断が手軽になる中で、議論の重要性は増している」と強調した。

従来、ダウン症のような先天異常を出生前に診断するためには羊水検査が必須《ひっす》だったが、血液検査による簡便な手段が導入されるとともに、中絶という現実に直面する妊婦は今後増加し続けるだろう。「堕胎大国」である日本の現実を、検証すべき時がきている。

いまだに残る「闇堕胎」

「宗教的な社会背景は異なるが、中絶に関する議論と衝突を繰り返しつつ環境を整えようとしている米国は、日本に比べれば健全だ」

前出の産婦人科開業医はこう指摘する。かつて我が国でも中絶の議論が盛り上がったことがある。一九七〇年代に出生率が徐々に下がり始め、将来の労働力人口の減少が懸念《けねん》され始めた頃だ。日本政府は「当時は事実上の野放しだった」（医療ジャーナリスト）人工中絶手術を規制すべく、優生保護法の改正案を国会に提出した。この改正案では、経済的理由による中絶は禁止され、適正な年齢での初回分娩《ぶんべん》指導が盛り込まれた。

これに反対したのが、当時盛んだった「ウーマンリブ運動」の活動家たちだ。「中絶は女性の権利」として反対運動が盛り上がり法改正は頓挫《とんざ》した。その後、八二年にも国会で中絶問題が議論されたが、またも反対運動のせいで法案提出に至らなかった。

問題は、これ以降、日本で中絶の是非を公《おおやけ》の場で議論することが激減したことだ。結果として中絶は「悪」であり、中絶を行う医師は日陰に追いやられた。また、当時は正規の届け出を行わずに、野放図に中絶手術をしてカネを稼ぐ医師がおり、産婦人科医に「悪徳医師」のイメージが定着した。

現在はどうなっているのか。前出の産婦人科開業医はこう語る。

「堕胎議論自体をタブーにした結果、いまだに一部では闇堕胎が行われている」

我が国の人工中絶件数は、戦後のベビーブームが終わった四九年から急増し、五五年に年間百十七万件でピークを迎えた。以降、一貫して減少を続け、八七年に五十万件を切り、二〇一二年には二十万件を割り込み、一四年は十八万二千件だ。この最大の原因は、モラルの向上ではなく、妊娠できる女性人口が減少してきたせいである。

気を付けなければならないのは、これらの数字は母体保護法（旧優生保護法）に基づいた届け出が行われたものだけで、年間五十万件以上の堕胎が行われていた一九七〇年代には「実際の件数は二倍とも三倍ともいわれた」（大学病院産科医）。

「もぐりで堕胎をしなければならないほど困っていない」（都内産婦人科医）という声がある一方で、「正規の届け出を経ない闇堕胎はいまだに行われている」（冒頭の産婦人科開業医）のが現実なのだ。もちろん正確な統計があるわけではないが、現在の約二十万件という数字も過小だろう。

母体保護法によれば、「妊娠の継続又は分娩が身体的又は経済的理由により母体の健康を著しく害するおそれのある」場合に、医師会が認定する指定医が中絶手術を行うことができる。そして中絶手術を行った場合は、同法に基づいて役所への届け出が義務付けられている。

正規の届け出を行わない医師の目的は、簡単に言えば「脱税」だ。中絶手術は保険を使わない自費診療。その費用は、妊娠初期の中絶の場合、約七万〜十五万円。中期の場合、約二十万〜三十万円程度だ。手術件数は医院の収入に直結する唯一《ゆいいつ》のデータなのだ。

「中絶手術を受ける人のほとんどは正規の届け出が行われたかに興味はないし、むしろ事実を隠したい。仮に興味があっても追跡する手段もない」

前出の都内産婦人科医もこう認める。結果として医師が不正に富を築くと同時に、「不正手術」の温床にもなる。こうした医師は「多くの場合、まともな同意書を取らない」（冒頭の産婦人科開業医）という。母体保護法では中絶手術の同意書に、胎児の父親の署名を求めているが、実際には「誰のサインでも手術が行える」（同前）という。これは単純に「堕胎罪」に相当するが、社会の暗部ということで警察が捜査をすることはほとんどない。

初期中絶は不妊の原因にも

まともな同意書を取られずに中絶手術をしたい妊婦とは、ご想像の通り若い女性である。埼玉県内で個人医院を開く医師は、二〇一三年夏にやむにやまれず不正な手術を行ったと告白する。

ある日の閉院後、十五歳、高校一年生の女子生徒が妊娠したと電話で相談してきた。後日、友人に伴われて来院した子は憔悴《しょうすい》しきっており、「親に知られたら死ぬ」と思い詰めていたという。この医師はほとんどのケースで、どんなに泣きつかれても親と相手を呼ぶのだが、「この時は切迫していたので仕方なく、書類を作らずに手術をした」と振り返る。

未婚の女性が望まぬ妊娠をすれば、闇から闇へと葬《ほうむ》り去ってもらいたいのだ。厚生労働省の統計によれば、一四年度の人工中絶件数一八万一九〇〇件あまりのうち、妊婦が二十歳未満のケースは一万七八五四件で、全体の一割弱を占める。十五歳未満も全国で三〇三件、十五歳も七八六件あるが、「中高生の中絶件数は闇堕胎の数も多く、実際にはこの二倍くらいはある」（前出の都内産婦人科医）とみられる。

二十〜二十四歳の手術件数は三万九千件余り。二十四歳以下の中絶件数は全体の三割以上を占めるのだ。晩婚化が進んでいる昨今、この年齢で「子供が多過ぎて中絶する」というケースは少ない。つまり、安易な性交によってできた命が年間五万八千件も捨てられている。

さらなる問題は、人工中絶手術は不妊の原因になりうるという事実だ。妊娠十一週六日までに行われる初期中絶では、薬剤で子宮頸管《けいかん》拡張後に器具を用いて「掻爬術《そうはじゅつ》」が行われる。文字通り、生きた胎児を掻《か》き出す手術であり、子宮が傷つくリスクがある。これにより子宮内膜癒着などを起こせば、以後、受精卵が着床しづらくなり不妊に結びつく。

「中絶手術が不妊の原因の一つになることは、産婦人科医は経験則として知っているが、正確な統計は見たことがない」

前出の都内産婦人科医はこう語る。仮に過去に中絶経験のある女性が、不妊治療に訪れても正直に申告しないこともあるため、正確な確率を割り出すのは難しいという。

晩婚化、晩産化が一気に押し寄せるこの時代、不妊治療を受ける夫婦は増加している。にもかかわらず、若いころの安易な堕胎が放置されているというのは大きな矛盾だ。

新型出生前診断を議論の契機に

また、従来の中絶とは異なる「人工中絶」も増加している。二〇一一年に、緊急避妊薬（モーニングアフターピル）が承認された。これは性交後七十二時間以内に服用することで妊娠を防ぐものだが、海外では「経口中絶薬」も承認されている。「ミフェプリストン」という薬剤が有名で、これは妊娠四十九日までに服用するだけで堕胎できる。日本では承認されていないがこれを個人輸入して処方する医師が存在する。また、厚労省は、個人輸入代行業者に対する監督を強化したり、個人輸入に医師の処方を義務づけたりして、規制を強化しているが、インターネット上でも数万円で個人輸入する抜け穴もある。一三年三月、国民生活センターが未承認経口中絶薬の個人輸入に警鐘を鳴らしている。この経口中絶薬は子宮内膜を傷つけることはないが、「ホルモンバランスが崩れて妊娠しにくくなるという産婦人科医もいる」（医療ジャーナリスト）。

現在、あらためて中絶がクローズアップされているのは、冒頭で述べた通り新しい出生前診断が登場したためだ。

従来の出生前診断は事実上、羊水検査しか選択肢がなかった。子宮内の羊水から胎児細胞を採取し、染色体や遺伝子の異常を検査するもので、精度は高いが二百〜四百分の一の確率で流産を招く。合併症が起こりやすい高齢妊婦の場合は、この割合は高くなり、四十代の妊婦の流産率は四〇%に達する。都内在住の産婦人科医は「流産のリスクが高い高齢妊婦には、藪蛇《やぶへび》になりかねない羊水穿刺《せんし》はできるだけ避けたい」と語る。

この状況を変えたのが、米国シーケノム社が開発した、母体血を用いる胎児の遺伝子検査だ。最近ではいわゆるダウン症だけでなく、他の先天異常にも対象を拡張した。この技術を従来の出生前診断と区別して、「新型出生前診断」と呼ぶ。

検査に必要な手技は採血だけであり新規参入が相次いでいる。一二年三月には米ベリナータ・ヘルス社、六月には米アリオサ社も同様の検査を開始した。売り上げは急拡大し、一七年には市場規模は十六億ドルに達すると見込まれている。我が国でも一三年四月から日本医学会の施設認定・登録部会により認定された施設で検査が可能になった。

では、染色体異常が陽性という検査結果が返ってきた場合、妊婦はどのような対応をとるか。米国在住の医師は「ダウン症と判明した場合、九割以上の人が中絶を選択する」と語る。

日本も同じだ。出生前診断を行う四十四の医療機関の集まりである「ＮＩＰＴコンソーシアム」によれば、一三年四月から一五年十二月までの間に、新型出生前診断を受けた二万七六九六人のうち、四六九人が陽性と判断され、三三四人が中絶を選択した。妊娠を継続したのは一二人で、残りは子宮内で胎児が死亡するなどした。

高齢出産の増加は先進国共通の課題である。そして例えばダウン症の発症頻度は、母親が二十五歳以下の場合は二千分の一だが、三十五歳では三百分の一、四十歳では百分の一に急増する。

新型出生前診断を、どのようにして社会に受け入れてもらうか、世界各地で試行錯誤が続いている。

中絶議論の先進国は米国だ。是非について、「女性の権利か、胎児の生命か」という観点から、長年にわたり、議論を積み重ねてきたことは周知の通りだ。

大統領選でも定番のテーマだ。一六年の大統領選挙でも、共和党のドナルド・トランプ候補は、何度も中絶についてコメントしている。当初、「人工妊娠中絶が違法となった場合、中絶を受けた女性は何らかの処罰を受けるべきだ」と主張したが、その後、「中絶手術を行った医師らが処分されるべきだ」と主張をかえている。世論を睨《にら》み、柔軟に対応している。

米国での中絶に関する規制は、州により異なる。少なくとも三十五州ではたとえレイプでの妊娠でも中絶はできず、希望する場合は、他の州に移るしかない。また、中絶可能な期間も州ごとに異なる。最も厳格なのは、ノースダコタ州の「六週以内」だ。リベラルな州は、中絶を容認し件数も多い。例えば、十五〜四十四歳の女性一千人当たりで一年間に中絶した人数は、トップのニューヨーク州で三十人に上る。最下位のミシシッピ州は八人だ。

マサチューセッツ州では、中絶クリニックから三十五フィート以内に関係者以外が立ち入ることを禁止する法があり、活動家などの圧力から守ろうとしている。

米国世論の保守化とともに、中絶をめぐる環境は厳しくなってきた。全米各地で、中絶を行う医師が中絶反対派によって射殺される事件が起こっている。一九九一年以降、中絶クリニックは七二％減少し、二〇一三年一年間で七十以上のクリニックが閉鎖した。

新型出生前診断の結果を受けて中絶することを「選択的中絶」と呼ぶが、前出の米国在住医師は中絶を取り巻く現状が厳しくなっても、「新型出生前診断の普及により、選択的中絶が増えると思っている」と語る。

毎日数百の命が捨てられる

産婦人科医が時に命を懸けて中絶と向き合う米国と異なり、日本の医療界は「堕胎天国」に安住したままだ。冒頭の産婦人科開業医は「政府や日本産科婦人科学会幹部からは危機感は感じられない」と語る。

新型出生前診断についても、日本の産科医療界は、妊婦の選択肢を拡《ひろ》げようとするよりも自らの影響力確保に汲々《きゅうきゅう》としている。

日本産科婦人科学会は、二〇一二年九月、研究以外の一般的な検査として安易に実施するのは「厳に慎むべき」という声明を発表した。臨床研究の受け皿として、整備されたのが前出のＮＩＰＴコンソーシアムで、中核は厚労省傘下《さんか》で出向中の医系技官が牛耳る国立成育医療研究センターである。

医療政策に詳しい小松秀樹医師は、「日本産科婦人科学会は、医療の統制を望む厚労省の了解の下、出生前診断について倫理規定を設けて、担《にな》い手を大学病院に限定しようとしている。新型診断は米国で実用化されており、研究開発の段階は終了している。研究名目の独占であり、露骨な利益誘導だ」と批判する。

我が国の医療政策は、厚労省、医師会、医学会の幹部だけが利権を確保することで、多くの失敗を繰り返してきた。

医師不足やドラッグ・ラグ（新薬承認の遅延）などがその典型だ。野放図な堕胎を食い止めるためにも、オープンな国民的議論が今こそ必要にもかかわらず、当事者たちはまたしても人工中絶を日陰に追いやろうとしている。臭いものに蓋《ふた》をし続ければ、今後も毎日数百の命がごみのように捨てられていく。目を背けても動かしがたい事実だ。

※

人工妊娠中絶の問題を考える上で注意すべきは、統計データが氷山の一角である可能性が高いことだ。一見、無関係に見えることが中絶を引き起こすことがある。

例えば、風疹《ふうしん》の流行だ。我が国は五年から七年おきに流行を繰り返している。最近では二〇一二年〜一三年にかけて流行した。

妊婦が風疹に感染すると、胎児に先天性心疾患、難聴、白内障などの障害をまねくことが知られており、今回の流行では四十五人の赤ちゃんに障害が生じた。

実は、我が国では、風疹が流行するたびに人工妊娠中絶の頻度が高まっていることが分かっている。一九七六年の流行では、人工妊娠中絶の数が、前年と比べて一五％程度増加した。先天奇形を避けるためだ。先天性風疹症候群の赤ちゃんが一人いれば、その陰に少なくとも数十件の人工妊娠中絶が隠れていることになる。

二〇一二年の流行では、人工妊娠中絶の総数は増加しなかったものの、前年と比べ、人工妊娠中絶は五四六七件しか減らなかった。前後の一一年、一三年は何《いず》れも一万件以上減ったのとは対照的だ。風疹の流行が影響したと考えていい。

人工妊娠中絶を減らす上で、風疹対策は極めて重要だ。ところが、我が国の対策はお粗末だ。過去に麻疹《はしか》・風疹・おたふく風邪混合ワクチン（ＭＭＲ）で副作用が問題となったため、現在三十代半ば以降の男性は風疹の予防接種を受けていないし、二十代半ばから三十代半ばの男女は、予防接種の制度がころころ変わったため、未接種の人が少なくない。この年齢層が予防接種を受けなければ、再び風疹が流行した際に、多くの胎児が人工妊娠中絶によって命を落とすことになる。

問題は風疹だけではない。ジカウイルスも大きな問題となりうる。妊婦がジカウイルスに感染した場合、胎児は小頭症を起こすことがある。そのリスクは、感染妊婦の三分の一とも言われる。ブラジルでは、一五年十月から小頭症が急増し、一六年一月末までに四七八三人の小頭症が疑われる胎児、あるいは新生児が確認された。

キリスト教信者の多いブラジルでは、母体の命に危険がある場合や性的暴行を受けた場合を除き、人工妊娠中絶は法的に禁止されている。ところが、ジカウイルスによる小頭症が明らかになって以降、人工妊娠中絶が激増している。

ジカウイルスは日本に生息するヒトスジシマカも媒介する。ヒトスジシマカが媒介し、ジカウイルスと感染地域が被《かぶ》るデング熱は、我が国でも一四年夏に流行した。ジカウイルスが日本に入るのも時間の問題と考えた方がいい。

我が国は感染症対策後進国だ。一二年に風疹が流行したのは、我が国以外にはポーランドやルーマニアくらいだ。国民一人あたりのGDPが日本の半分、三分の一に過ぎない東欧諸国と、感染症対策のレベルは変わらないことになる。

もし、ジカウイルスが流行すれば、どのような事態となるか想像もつかない。人工妊娠中絶を選択する妊婦の数は風疹の比ではないだろう。

人工妊娠中絶対策は、その国の総合的な実力が問われる。ウイルス感染症による胎児奇形は、様々な工夫をすることで、減らすことができる。ジカウイルスの流行を対岸の火事と傍観するのではなく、ワクチン開発、媒介する蚊の駆除など、今からでも対策を講じるべきである。

中国大使館

母国情報機関の一大集結地

東京都港区元麻布三丁目四番地三十三号。

商業施設で賑《にぎ》わう六本木ヒルズからほど近いマンションが立ち並ぶ住宅街だ。片側一車線道路に面した門の前には警察官が立ち、少し離れた場所には機動隊のバスが常に駐車している。ここが中華人民共和国の駐日本国大使館だ。門の内側は治外法権であり、中国の「領土」である。

「どの国の在外公館もその国のインテリジェンスを担《にな》う機能を持っているが、中国大使館は情報収集活動の規模が尋常ではない」

警視庁の公安関係者の一人はこう語る。ベールに包まれた中国大使館内を見ると、対日工作の一端と諜報《ちょうほう》活動の凄《すさ》まじさが垣間見《かいまみ》えてくる。

徹底した「セクショナリズム」

中国大使館は「処」といわれる部局に分かれている。総務処や政治処、経済処など諸外国の大使館にもある部署に始まり、日本に来ている留学生を担当する教育処などがある。

これら部署の全貌《ぜんぼう》はあまり知られておらず、中国大使館のホームページで公開されているのは、それぞれの部局のトップである参事官の名前と電話番号だけだ。

入手した資料によると、政治処には、郭燕、栄鷹という二人の公使参事官が並び、その下に参事官が五人、一等書記官が三人、二等書記官五人、三等書記官二人、ヒラである「アタッシェ」が三人いる。日中貿易を担当する商務処も十四人の大所帯である一方、日本の経済情報などを担当する経済処の正規職員は二人だけだ。

東京の大使館だけで百人強の正規職員がおり、これに非正規職員や秘書などが加わり「二百人以上のスタッフが常駐」（前出公安関係者）しているという。大使館の別館にあたる大阪や福岡などの領事館の正規職員数は八十人余り。これを加えると中国大使館は三百人を超える規模の陣容となる。

「中国の外交インテリジェンスの最大の特徴は徹底したセクショナリズムだ」

外務省関係者はこう語る。

しかも前述した部局ごとのタテ割りではなく、出身母体によって色分けされている。中国本国と大使館には大きく分けて三つのラインが存在する。「外交部」（外務省）と「党」と「人民解放軍」だ。これらがそれぞれ併存しているのだ。

日本の在外公館にも、自衛隊の制服組である防衛駐在官や、警察庁、経済産業省からの出向者が存在している。しかし日本の場合、在外公館は外交を所管する外務省の縄張りであり、各省の出向者は大使の下で一元的に管理される。

しかし中国大使館では本来外交を司《つかさど》るはずの外交部の力は限定的で、軍や党の人間の活動をコントロールできない。

外交部より力を持つのは中国共産党のラインだ。中国最大の諜報機関である「国家安全部」から要員を送り込んでいる。また、日本の警察庁にあたる「公安部」も、書記官などの肩書で大使館の各部署にスタッフを置いているという。

つまり同じ処内部でも、外交部の人間もいれば、他の官庁出身の専門官もいる。

「たとえ同部署で机を並べていてもラインが異なれば情報共有は一切されない」（外信部記者）といわれるほど徹底している。

一番ベールに包まれているのは「軍」のラインだろう。武官処には国防・海軍兼空軍武官として徐斌氏がいるほか、陸軍武官として凌正功氏がいる。

駐在武官は「相互主義」に基づいて、人数が定められている。日本と中国の場合は互いに三人ずつであり、北京の日本大使館には陸海空から各一人の防衛駐在官が赴任している。中国大使館の場合、国防副武官ポストが空席になっており二人の「軍人」が駐在しているようにみえるが、実際は異なる。防衛省の関係者はこう証言する。

「武官処の『秘書』という肩書で所属するなかに軍人が複数おり、事実上の駐在武官となっている」

また、実は「そのほかの部局にも軍からの人間はいる」（前出外務省関係者）。実際、文化処にも人民解放軍総政治部に所属する人間が「文民」として入り込んでいる。

「徐斌氏を筆頭として、中国の軍人は背広姿で都内をうろついている」

外務省担当記者はこう語る。

中国軍人外交官の一人は新宿歌舞伎町《かぶきちょう》のとある中華料理店を行きつけにしている。決して高級とはいえないこの店に頻繁に現れて、中国人はもちろんビジネスマンと思《おぼ》しき日本人と会食していく。当然ながら日本の公安のマークはついているだろうが、「狭い店内の監視は不可能だ。この軍人は酒の席で「重要なことはもっと隠れてやる」

とうそぶいたという。

東京都目黒区碑文谷《ひもんや》。東急東横線学芸大学駅と都立大学駅の中間付近の閑静な住宅街に、鉄筋二階建ての豪奢《ごうしゃ》な建物がある。駐車スペースは三台分あり、近代的なデザインの建物は、高級住宅街の中でもひときわ目立っている。ここが、「人民解放軍が利用しているアジトのひとつ」(事情通)だ。軍は大使館の外にこうした拠点を複数持っており、日本当局が把握していない場所もあるとみられる。

銀座で豪遊していた領事

「人民解放軍出身の駐在武官は、自衛隊や在日米軍の動向だけでなく、独自に日本企業の技術情報を収集している」

前出外務省担当記者はこう分析する。各国の軍事情報を収集するのは人民解放軍のなかでも総参謀部第二部と呼ばれるセクションだ。世界のエリアごとに担当局が設けられ、党とは別の形で情報収集をする機関である。

軍出身者による日本の政界への接近が明らかになったのは、二〇一二年五月に発覚した「李春光事件」だ。中国大使館の李一等書記官が虚偽の身分で外国人登録証を取得、禁止されている銀行口座を開設し、企業から振り込みを受けていたことで警視庁は出頭を要請したが、直前に中国に出国したことで逮捕されなかった。李氏について外務省では「小遣い稼ぎをしたかった不良外交官」（前出同省関係者）という認識で一致している。

ただし李氏は大使館経済参事処の名刺を持っていたが、前述した人民解放軍総参謀部第二部の出身者だった。永田町では主に鹿野《かの》道彦農水相（当時）への接近が多く、ここで得た情報を「農林水産物等中国輸出促進協議会」という団体に漏らしていたことがわかっている。

この団体は大使館の情報機能を担う「部隊」とみられており、軍以外の人間も出入りする。現在は大使館の人間ではないが、一九九〇年代まで中国大使館の教育処にいた、元一等書記官はたびたび来日してこの協議会に出入りしている。この元一等書記官は国家安全部に所属する人間で、「党」のラインに属するとみられている。外務省幹部の一人はこう語る。

「中国大使館の人間は名刺だけでは、背景も任務も判断できない」

「対日工作」に従事するのは、軍や諜報機関の人間だけではない。

外交部出身の李文亮という人物がいる。二〇一〇年六月以降は駐長崎総領事として赴任している李氏は通算滞日歴二十一年で、日本メディア対策のスペシャリストとして知られている。

同氏は一九七四年に大連外国語学院日本語学部を卒業後に外交部に入った「ノンキャリア」だ。九八年に中国国内で読売新聞記者が取り調べを受けた事件を担当したことで名前を知られるようになった。前回、中国大使館に赴任した際には領事処で取材ビザ発給を担当した。李氏はビザ発給を盾に、日本メディアの取材姿勢、主に歴史認識を問題視したという。

当時在留ビザを申請した前出外信部記者が語る。

「想定問答集をつくって準備していかないと、ビザが下りるまでにかなり時間を要して疲弊する」

李氏は、在京中国メディアや系列企業の後ろ盾になることで金銭的な見返りも多かったとみられ、毎晩のように銀座で飲み歩いている姿が目撃された。一時期中国に呼び戻されたのは、「生活ぶりが問題視された」(別の外信部記者)ためという。今回長崎総領事に戻ったのは、長年の日本メディア監視についての論功行賞とみられている。

大使は日本企業の接待攻め

大使館のトップであり「顔」でもある大使は日ごろどのように暮らしているのか。

「現在の程永華大使をはじめ、近年の大使は日本企業からの接待でスケジュールが埋まっている」

前出の外務省関係者はこう語る。公式行事以外は、日本企業から招かれるパーティーやゴルフで忙しいという。

大使の企業交際の真骨頂は退任時で、多くの「お土産」が大使館に集まる。三代前の武大偉が離任する際には、日本企業から贈られた美術品などが大使館に溢《あふ》れたという。

忘れてならないのは、中国大使館が「諜報機関」であるということだ。前述した通り、あらゆる「処」に軍人、国家安全部、公安部の人間が送り込まれている。

「中国の諜報の特徴は量を追い求める点だ」

前出外務省関係者はこう語る。

中国が重視しているのは軍事情報に加えて、科学技術情報だ。

「日本に来ている留学生の中に、我々とは雰囲気の違う人間が紛れている。彼らは大使館に情報を提供しているだろう」

中国人留学生の一人はこう打ち明ける。情報提供を疑われるような留学生は「優秀過ぎる」ことが特徴だという。世界中に留学生を送る中国では一般に優秀な学生は欧米に渡る。あえて日本に来て、交友関係が不明な学生や研究者をこの留学生は疑っているのだ。

実際、大使館員が一部の学生や研究者と接触しているケースがあるという。在日中国人が語る。

「大学や研究機関にいる生命科学などの研究者だけでなく、メーカー勤務の技術者の中にも大使館員と会っている人間がいるが、どういった情報が交換されているかまではわからない」

大使館員が直接接触している場合は日本の外事警察もある程度把握しているが、隠《おん》密《みつ》に活動し捕捉《ほそく》できない例も山ほど隠れている。

たとえば大量の情報流出が明らかになった二〇〇七年の「デンソー事件」では、中国人技術者による技術スパイを公安当局は一切把握できておらず、デンソーによる社内調査で発覚した。

当然、党、軍、外交部は諜報活動も独立して行う。「武官は本国の軍から直接指示を受け、報告をする」（日中外交筋）といい、「国家安全部も大使の指揮下には入っていない」（別の公安関係者）。

一向に記事を書かない「記者」も

「中国大使館の別動特殊部隊」（同前）といわれる中国メディアも無視することはできない。新華社や中国中央テレビに代表される日本支局には、多くのスタッフに紛れて国家安全部の人間が潜り込んでいる。

中国メディアとの付き合いの多い、中国担当記者の一人は語る。

「我々との情報交換の場にはよく顔を出すが一向に記事を書かない記者が複数いる。彼らはいわゆるスパイなのではないか」

また、人民解放軍も身分を偽る形で新聞社に記者やスタッフを送り込む。朝日新聞や読売新聞の記者として自衛官が北京支局に赴任するようなもので、ルール違反も甚だしいが日本側は現時点でこれを止める術《すべ》を持たない。

中には「ジャーナリストの名刺を持ち日本で活動している、総参謀部第二部の大物もいる」（前出外務省幹部）。

さらに言えば、国家安全部や軍出身ではない記者も取材活動で得た情報を軍や党に提出する。こうしたリポートは「内部参考」と呼ばれ、貴重な情報となる。

前出の中国担当記者は、在京中国人記者に頼まれてあるメーカーを紹介したことがある。中国人記者は正面から取材を申し込み、製造工程を事細かに聞いた。「紙面には申し訳程度の記事が載ったが、彼は大半を内部参考用のネタにしたのだろう」とこの中国担当記者は語る。

こうしてみると、中国大使館は単純な在外公館ではなく、中国の異なる情報機関が集合したインテリジェンスの一大拠点であることがわかる。

折しも、日本版国家安全保障会議（NSC）の創設（二〇一三年十二月発足）やそれにともなう特定秘密保護法（一三年十二月成立）をめぐる議論が喧《かまびす》しい。

インテリジェンスについて国民的関心が集まるのは歓迎すべきことだが、まず自分たちの足元にある中国大使館が行っている巨大な情報戦、工作活動に危機感を持たねばならない。

※

第二次安倍政権発足以降、特定秘密保護法の成立や、日本版NSCの発足、安全保障関連法の成立など、国論を二分しながらも日本の安全保障に向き合う体制が整備されている。しかし一方で、防諜体制についてはいまだ変わっていないのが実情だ。

二〇一五年、中国国内で相次いで日本人が拘束された。その後の報道によれば拘束された日本人の多くが公安調査庁の協力者、つまり情報提供者であったとみられている。立て続けに起きた拘束劇は、中国の防諜体制の強力さを見せつけるとともに、中国の諜報活動の活発さを裏付けるという指摘がある。

今回の事件では、公安庁の協力者リストが漏洩《ろうえい》した疑いが浮上している。同庁の協力者については庁内での情報共有がほとんど行われていないという。そのため、「公安庁のかなり上層部から情報が流出した疑いが濃い」（情報筋）といわれている。事実であれば、中国大使館の「スパイ総本山」としての機能は健在であることを示している。

中国共産党、公安当局、人民解放軍、外交部（外務省）それぞれのエージェント

（情報員）が、独自のスパイ活動を続ける中国大使館。一五年五月には、現在の程永華大使の在任期間が史上最長を更新した。前出情報筋は「中国大使館の監視には限界がある」とため息を漏らす。日中の防諜、諜報アンバランスは今後も放置され続けるだろう。

公安警察

この国の「課報《ちょうほう》世界」を歪《ゆが》める者

「日本という国を運営するうえで必要な各国の情報をとる『長い耳』が必要だと思う。ただ、これはうっかりすると両刃《もろは》の剣《つるぎ》になる」

カミソリと称された後藤田正晴元官房長官は亡《な》くなる約一年前、二〇〇四年九月に朝日新聞のインタビューにこう答えた。かねて日本に独自の情報機関が必要だということを持論としていた後藤田氏は、ウサギの最強の武器である耳に例えて、インテリジェンスの重要性と危険性について語った。

政府は米国の国家安全保障会議（NSC）を模した日本版NSCを創設した。しかし、設立までの間、外務省と警察庁、防衛省を巻き込んだ醜い主導権争いが行われ、器だけ取り繕って魂の入らぬ組織になろうとしている。

「日本のインテリジェンスが後進国並みなのは、情報機関の機能を警察に依存し続けてきたからだ。公安警察を真っ先に解体しなくてはならない」

防衛省のキャリア官僚の一人はこう語る。警察の一部門に過ぎない公安が、この国の情報を歪めてきたのだという。公安は現在、その存在意義すら明確にならないなかで警察組織の中での権力ばかりが温存されている。肝心の情報収集能力は弱体化が囁《ささや》かれ、いびつな形で生き延びている。

「仮想敵」をでっちあげ組織温存

二〇一三年二月、新聞、テレビで大坂正明容疑者の動向が一斉に報じられた。大坂容疑者といわれてもピンとこない向きも多いだろう。学生運動がピークを越えた一九七一年に発生し、警察官一人が死亡した「渋谷暴動事件」の容疑者だ。

その容疑者が「二〇一二年二月まで中核派の秘密アジトに潜伏していた」と報道され、その情報の根拠となったのは中核派の非公然アジトから発見された「暗号文書」だという。スパイ小説のような話だが、眉《まゆ》に唾《つば》したほうがいいようだ。

「大坂事件を担当していた公安部の幹部が退職することになり、そのタイミングに合わせて動向が報じられたようだ」

公安関係者の一人はこう内幕を語る。担当警察官の退職という時期に情報がリークされたのにはわけがあると、この関係者が続ける。

「公安は捜査活動をアピールすることができ、報道各社にとってはおいしい特ダネ。退職に花を添えることもできる。ようは持ちつ持たれつだ」

左派勢力衰退とともに仕事が減少する中で、存在意義を誇示する公安警察の姿が浮き彫りになる。「左翼過激派」の強さをでっちあげているとさえいえる。

公安警察の前身は戦前戦中の特高（特別高等警察）だ。特高は終戦直後に連合国軍総司令部（ＧＨＱ）の指示により治安維持法廃止とともに解体された。しかし米国は台頭する共産主義勢力排除のために、特高のノウハウを利用すべく警察内部に後継組織としての公安を作った。

各都道府県の公安委員会が独立して存在するという「自治体警察」が骨抜きになり、警察庁を中心とする国家警察の様相を呈しているのは周知の通りだが、中でも公安警察は強固なピラミッド組織を形成している。警察庁の警備局を頂点として各都道府県警の警備部（警視庁のみ公安部が独立）、各警察署の警備課が一体となり活動しているのだ。警視庁の警察官四万五千人（一三年度、以下同）のうち、約二千人が公安部に所属しており、公安最大の実動部隊になっている。全国を見ても「全体の五％程度」

（警察庁関係者）といわれ、いわゆる公安警察は一万二千人ほどの陣容となる。

「世界に誇る日本の治安を守っているのは二十五万人の過半数を占める刑事課や地域課の刑事やお巡《まわ》りさん。しかし警察組織を牛耳るのは今も昔も公安部」

警視庁で刑事畑の長かった元ノンキャリ警察官はこう語る。もっといえば、そのなかでも数十人の「公安キャリア」が強大な権力を握る。

一三年八月、一人のノンキャリ叩《たた》き上げ警察官が無念の退職をした。辞めた村上鉄郎第三方面本部長は今春、警視庁公安部参事官から「左遷《させん》」されてきていた。警視庁関係者はこう語る。

「後任の公安部参事官には鈴木喜久夫が就いたが、二段飛ばしの異例の大抜擢《だいばってき》。公安部長だった石川正一郎が鈴木を引き上げるための人事だった」

石川氏は絵にかいたような公安キャリアで、警視庁公安部や警察庁警備局などでキャリアを積み、一一年三月に公安部長となった。次のエースといわれる石川氏が、神奈川県警察本部長として転出する前に子飼いである鈴木氏を引き上げたのだという。

この人事の強引ぶりを示すように、鈴木氏のキャリアが浅すぎたために四月時点の肩書は「公安部参事官心得」。心得とは、正式なポストの一歩手前であることを意味するが、公安部の参事官に心得がついたのは「後にも先にも初めて」（前出警視庁関係者）。

警察庁長官に並ぶポストである警視総監の座に就いているのも、公安キャリアの西村泰彦氏だ。前任の樋口建史氏は生活安全局長経験者であり公安部（警備局）が席を奪い返した格好だ（現在は一五年八月四日から高橋清孝氏）。

こうしたキャリアに主導された公安による事件捜査を「公安捜査」と呼ぶが、その隠密性《おんみつせい》は厳格を極め、仮に他部署が同じ事件を捜査していたとしても情報交換すら行われない。しかしその公安捜査が成果を上げた例はほとんどない。前出警視庁関係者が語る。

「公安警察が捜査によって解決した事件は、連続企業爆破グループの東アジア反日武装戦線『狼《おおかみ》』グループくらいだろう」

この検挙が行われたのは一九七五年。いくら公安の仕事が監視と事件の予防とはいえ、十年一日のごとく共産党本部の監視と、年中行事のような革マル派、中核派の家宅捜索という無駄なことを延々と続けているだけなのだ。

情報収集能力は劣化の一途

公安捜査の無能さを司法が断罪する判決が二〇一三年一月に出ている。東京地方裁判所は、東京都に対して、アレフ(旧オウム真理教)に百万円を支払うよう命じた。これは、一〇年三月に公訴時効が成立した警察庁長官銃撃事件に関して、警視庁が「オウム真理教による組織的なテロ」との捜査結果を公表したことに対して、アレフが名誉毀損《きそん》と訴えていたものだ。

長官銃撃事件は、刑事警察とは別に公安部による捜査が行われた挙げ句に現場が混乱したため迷宮入りした。にもかかわらずオウムを犯人と決め付けるという、負け犬の遠吠《とおぼ》えにも劣る警視庁の発表が断罪されたのだ。

前出警視庁関係者はこう指摘する。

「情報を蓄積することが『捜査』と思っているのが公安の発想。証拠と照らし合わせて逮捕する刑事警察の手法と根本的に異なる」

現在、公安警察の「命」である情報収集能力にも劣化が見える。公安を支えてきた捜査員の退場と、杜撰《ずさん》な技術継承が原因だ。

長年、公安警察と対峙《たいじ》してきた左翼グループの老活動家は「呆《あき》れましたよ」と苦笑する。先日、ある野外集会を終えて帰宅しようとしたところ、遠巻きに監視していた公安の一人がニヤニヤしながら近づいてきたという。その捜査員はかつて同活動家が逮捕された際に取り調べを担当した刑事で、どう考えても退職しているはずの年齢なので、本人に聞いたところ「若手が『面割り』できないから現場に出ている」と答えたという。

「面割り」とは、捜査対象者の顔を経歴などとともに記憶し集会などの現場で対象把握することで、公安刑事のイロハのイだ。各県警本部には、共産党員や労組活動家など監視対象となる人物の「面割り台帳」があり、かつては公安刑事が競うようにして頭に叩き込んだ。

共産党や労組の監視がどれほど有効かはともかく、そうした「お家芸」ひとつとっても、技術が継承されていないためにOBが引っ張り出されているのである。

政界情報を追う秘密組織「I・S」

一方、公安警察の中で一人気を吐く部門もある。

「永田町周辺で怪しげな公安情報が相変わらず飛び交っている」

自民党重鎮のベテラン秘書はこう語る。こうした情報の多くは、内閣情報調査室（内調）などを通じて、記者や与党議員周辺にリークされることによって出回ることが多い。そして大本となる情報収集の一端を公安が握っている。

公安警察ヒエラルキーのトップである警察庁警備局の筆頭課、警備企画課には課長の下に二人の理事官が配置されている。二人のうち一人は公安の「ウラ」を担《にな》う。「ウラ」の理事官は公安警察最大の秘密組織のキャップを務めるのだ。「チヨダ」とか「ゼロ」という隠語で呼ばれるその組織は、「I・S」という別動隊も組織している。このI・Sが担うのが政治家やマスコミの動向だという。

公安関係者によると、対象となるのは左翼や右翼といった従来の対象からこぼれおちる情報だ。警察内部では「幅広情報」と称され、与野党問わず中央政界はもちろん地方議会レベルの政治家のスキャンダルなどの情報が掻《か》き集められる。この公安関係者が打ち明ける。

「国家公安委員長に就任する政治家は、選挙区の県警本部に配されたI・S要員を使って徹底的に調べ上げる。スキャンダルは『重要情報』として内部で管理され、いざという時の材料にする」

民主党政権下で、中井洽《ひろし》国家公安委員長の愛人疑惑が週刊誌で「スクープ」されたが、こうした情報はI・Sによってもたらされたものだという。現在も、公安情報をもとにした報道は溢《あふ》れている。わかりやすいところでは二〇一三年七月の参議院選挙で当選（東京都選挙区）した元タレントの山本太郎議員について、中核派との関係が報道されたが、これは「典型的な公安リーク」（全国紙社会部記者）だ。

I・Sは予算面で優遇されているといい、「十数億円」（前出警視庁関係者）といわれる年間予算を持って、スキャンダル探しを行っている。本業である過激派情報の収集では大した成果を上げていない一方で政治家のスキャンダル探しに躍起になり、組織防衛を図る。公安の歪んだ素顔が浮き彫りになる。

中身が伴わぬ「外事警察」

我が国のインテリジェンスを語る上で、左翼や右翼の活動家の動向以上に問題なのは、東アジア諸国に代表される外国勢力の情報収集だ。日本版NSCでも、米国の中央情報局（CIA）や、ロシアの連邦保安庁（FSB、旧KGB）のような機能を持つことが期待されている。対外インテリジェンスを担う情報機関は日本国内に複数存在する。外務省、防衛省の情報本部、在日本朝鮮人総連合会（朝鮮総連）を監視対象としている公安調査庁もカウントされるだろう。しかし、陣容をみれば、公安の一部門であるいわゆる「外事警察」が最大の情報機関といえるが、中身は伴っていない。

たとえば北朝鮮についていうと、外事警察はなんら結果を残していない。東京都千代田区にある朝鮮総連の出入りを継続して監視し、有力在日朝鮮人の行動を確認しているが、総連本部ビルの売却問題では「謎《なぞ》の住職」の行動に右往左往するばかり。二〇一二年、総連議長が死去した際に、副議長の動向を確認できなかったことをみても、ルーチンワークである行動確認さえまともに行われていないことがわかる。韓国や中国の在外公館に警察官を送り込み、現地政府関係者や北朝鮮とパイプのある人物への接触も図っているが、目立った成果は上がっていない。一〇年には国際テロを担当する警視庁公安部外事第三課から捜査情報が流出。内部の犯行にもかかわらず、犯人は特定できず、一三年十月二十九日に時効を迎えた。

こんなお粗末な能力しか持たぬ公安は現在、日本版NSCの骨抜きに躍起だ。

「谷内《やち》正太郎内閣官房参与を筆頭とする外務省が主導権を握ろうとする中で、警察内部ではNSCに協力する機運はない」

前出防衛省キャリアはこう語り、このままでは日本版NSCは看板倒れに終わると危惧《きぐ》する。本気で日本のインテリジェンスを考えるのであれば、公安を警察から切り離して本当の意味での情報機関を作らねばならないという。

後藤田氏は冒頭の発言のあとにこう続けている。

「いまの政府、政治で（新たな情報機関を）コントロールできるかとなると、そこは僕も迷うんだけどね」

この言葉は現在の政府にもあてはめることができるだろう。日本のインテリジェンス構築が喫緊の課題であることは論を俟《ま》たない。安倍政権が本気であるならば、最強の情報機関、公安警察の解体から始めなければならない。

高齢者医療

この「亡国の穀潰《ごくつぶ》し」

危機的な国家財政状況の下、財政再建を見据えた消費増税論議が政局を二分している。国家財政の健全化を掲げながら消費税増税に突き進む野田佳彦首相（当時）は、高齢者激増の到来を強調しながら、医療や年金、福祉の社会保障制度を維持するために消費税増税が必要と訴えてきた（二〇一四年四月に五％から八％へ増税）。

確かに、世界に類を見ない少子化・高齢者激増の影響で、「社会保障費」の増大は避けられないのは事実だ。とはいえ、その一方では目を覆《おお》うばかりの膨大な「無駄」が蔓延《はびこ》っている高齢者医療の「現実」を批判的に指摘する声は極めてまれだ。死期が迫った患者への無駄な延命治療によって、莫大《ばくだい》な医療費が嵩《かさ》み、若年層への経済的負担を増大させているのは言うまでもない。そればかりか、医療機関収容者が高齢者の受診などで占められることで若年層の医療機会が奪われるという目に見えない深刻な

「しわ寄せ」も顕在化している。

受給と負担のバランスが完全に崩れた医療制度の下で、高齢患者側の過剰な期待と、国庫負担を良しとして顧みない医療機関側の強欲とが相まって、高齢者医療費の膨張に全く歯止めがきかないのが実態だ。

人口動態が示す恐怖の「近未来図」

「国立社会保障・人口問題研究所」(社人研)は二〇一二年一月三十日、平成二十二年国勢調査の結果などが公表されたのを受けて、新たな日本の将来人口推計を発表した。その中位推計によると、二〇六〇年の高齢化率は三九・九%で、五人に二人が六十五歳以上の高齢者となる。子供を除いた現役世代一人が高齢者一人を支える「肩車型社会」が到来するというのだ。

この肩車型社会の到来に対し、「医療などの社会保障制度改革を進め、歳出削減することが不可欠」と強調するエコノミストがいる。『デフレの正体』(角川書店)の著者・藻《も》谷《たに》浩介氏である。同氏は人口動態研究の立場から、毎年一兆円ずつ増える社会保障費の増大を放置して消費税増税をしても「焼け石に水にすぎない」とし、国家財政を悪化させている根本原因である「医療などの社会保障費の増大」にメスを入れる必要があると訴える。

景気（内需）を左右する主要因は、十五歳から六十四歳までの「生産年齢人口（現役世代）」で、自ら稼いで盛んに消費する現役世代の人口こそが景気を左右するというのが同氏の持論だ。日本の場合、「戦中世代」と「団塊世代」というその前後の世代よりも人口が多い〝波〟がある。この世代が現役世代となって経済成長を牽引《けんいん》した半面、今後は高齢化し社会保障費を急増させる段階に入る。

さらに、人口動態調査の帰結として藻谷氏が見出《みいだ》したのは、医療費など社会保障費が「七十五歳以上の高齢者数」にほぼ比例して連動するという現象だ。一九九〇年に五百九十七万人だった七十五歳以上人口は、二〇〇〇年には九百万人となり、同期間の社会保障費は約四十七・二兆円から約七十八・一兆円に増えていた。医療費も同じ相関関係があった。

「医療費が七十五歳以上の人口と相関しているのは、日本では六十五歳は元気だが、七十五歳以上になると、病気になる人が急増するためでしょう」（藻谷氏）

七十五歳以上になると病人が急増するというのは、必ずしも免疫力《めんえきりょく》の低下など一般に加齢が原因とされる病気が増えるということだけではない。後述するように、高齢者へ無駄な医療を施し、食い物にする医療機関側の思惑も大いに関係している。実際に、国の医療費総額の約半分は六十五歳以上の患者の分が占め、一人当たり二千四百万円とされる「生涯医療費」の半分は七十歳以上で使われている。そのため、医療費抑制には高齢者の医療費にメスを入れる以外にないわけだが、全くの野放しだ。二〇一〇年度時点の国民医療費は三十七・四兆円に対し、同年の国の税収は四十一・五兆円にすぎず、医療費は税収の九割に匹敵する。しかも十五年後の二〇二五年には「五十二兆円に達する」と厚生労働省は試算している。「人口の波」（戦中世代と団塊世代）が七十五歳以上になる時の恐怖の「近未来図」である。

「日本の医療はやりたい放題」

昨今の医療費膨張の「元凶」と指摘されているのが人工透析だ。平均導入年齢が六十歳代後半といわれる人工透析患者の実態は、高齢者医療の「放漫ぶり」をまざまざと見せつける。一九八〇年には約三万六千人にすぎなかった人工透析患者は、九〇年には約十万人、二〇〇〇年には約二十万人、そして一〇年には約三十万人と、十年間で十万人ずつ拡大してきた。年間一万人ペースで増え続けたわけだ。

人工透析は一人当たり年間四百万〜五百万円もかかるため、現在、約三十万人の患者が年間一兆二千億円以上の医療費を使っていることになる。日本の総人口の四百分の一にすぎない高齢者を中心とした人工透析患者に、国の医療費総額の約三十分の一が費やされているのだ。人工透析の現場をつぶさにみてきた東京女子医科大学の川嶋朗准《じゅん》教授（腎臓医《じんぞうい》）はこう話す。

「三十年前は、『人工透析患者は五年もたない』と言われ、患者数も五万人以下と少なかったため、医療保障も手厚く、高額療養費の特例である『高額長期疾病《しっぺい》』の適用を受けることができる。ほとんどの患者が第一級身体障害者にも認定される。自己負担はわずかで、障害基礎年金や障害厚生年金が支給される場合も多く、月に二十万円以上の収入を得ている患者も少なくない。医療技術の進展で患者は延命し、患者数も増大し続けているが、制度は当時のままだ」

第一級身体障害者の認定を受ければ、東京都の場合、都営交通が無料になるほか、タクシー券の交付や航空券半額といったサービスに加え、二〇〇〇cc以下の自動車が免税で買えるという不可解な権利までつく。

ただし、糖尿病性腎症から人工透析を始める患者のほとんどが「Ⅱ型糖尿病」という後天的要因。糖尿病は管理すれば全く怖くない病気であり、いわば自己責任の病人に莫大な医療費がつぎ込まれているということだ。かつて国も後期高齢者の医療費抑制を目的に、予防医療の促進を図ったが、医療現場で浸透することはなかった。病院も製薬会社、医療機器メーカーも、儲《もう》からない予防医療には背を向け、儲かる人工透析にシフトしていった。

高齢者医療の肥大化という無駄は、人工透析ばかりではない。都内東部には、「高齢者に心臓病治療の〝フルコース〟を施す」ということで医療関係者の間では悪名高い病院がある。救急車で高齢患者が運ばれてくると、「心臓病ではないか」とすぐさまカテーテル検査をして、「冠動脈が詰まりそうだから」と半ば強引に心臓バイパス手術を施し、退院前には不整脈などを理由に不要なペースメーカーを埋め込む。

高齢者には心筋梗塞《こうそく》や脳梗塞の治療用に高価な血栓溶解剤もよく使われるという。一回の使用に要する医療費は四十万〜六十万円。薬の適応条件に合う病名をつければ、ほとんどフリーパス状態である。カテーテルの治療は材料費が約二十万円、ペースメーカーの手術は二百万円ほどかかり、この定番のフルコースメニューで高齢患者一人当たり総額六百万円ほどの「売り上げ」になるという。

東京ハートセンターのセンター長で心臓外科医の南淵《なぶち》明宏氏は現状をこう嘆く。

「日本の医療は出来高払いで、やりたい放題だ。例えば、海外では手術をビデオ撮影して患者に渡すのが当たり前だが、それをしない日本では必要性が不明なカテーテル治療が罷《まか》り通ってしまう。ペースメーカーの手術でも、海外では常識の心電図データの添付が日本では義務化されていない。ペースメーカーの手術はリスクがほとんどないため、高齢者を食い物にできる美味《おい》しい治療になっている」

若い世代の医療機会まで奪う

高齢者医療を食い物にするのは、何も病院ばかりではない。「老人ホームも医療機関とタイアップして稼いでいる。全国で介護事業を展開するあるグループは、併設の診療所で普通の病院では出さないような不要な薬を出して大儲けしている。約二十五万円の月々の入居費と医療費を加えて約四十万円。本来なら救急時にしか書けない特別指示書を医師が出せば、何度でも往診することができる仕組みを悪用した過剰医療だが、往診は楽で、医者にはこれ以上ない旨《うま》みのある話だ」（医療関係者）。

患者の意向を反映しないまま続く終末期医療も、医療費増大の一因だ。愛知県東部の住宅地には、寝たきりの老人を集めた通称「胃ろうアパート」がある。医療対応ができる「終身療養型賃貸住宅」が謳《うた》い文句の明るくモダンな建物に入ると、無表情な高齢者たちが横たわっている。目は開いているものの、一言も発することはない。通常の食事が困難になったため、胃に直接チューブをつなぎ栄養を補給されている患者たちの住家だ。ここでも悪用されているのが、医師の特別指示書だ。「指示書を〝乱発〟すれば、患者の自己負担額を抑えたまま、月数十万円にも達する費用を医療保険制度からかすめ取ることができる」（同前）。

まさに意思表示が困難となった高齢者を食い物にしているのである。死期も迫り、その効果が疑わしい場合でも、月々百万円は下らないとされるのが終末期医療である。いまや延命治療を望まない人の割合が七割以上にも達するとの調査結果も出ているが、欧米に比べて造設が過剰な日本の胃ろうは、時に悪徳医療機関の暴利の温床となっているケースも少なくないのだ。

こうした不正が堂々と罷り通っているからか、療養型病院（療養病床が全体の八割以上）は、急性期患者を受け入れる一般病院よりも利益率が高いというデータ（厚労省「平成二十二年度　病院経営管理指標」）がある。医療法人の二百〜二百九十九床の療養型病院の利益率は一〇・五％と、一般病院の三・〇％に対し三倍以上も高い。

高齢患者の激増は、医療費の増大という形で若年層への過重な負担を強いているが、限られた医療リソースを若い世代から奪い取るという別の深刻な問題をも引き起こしている。救急車の利用者の半分以上を高齢者が占めている、という消防庁の統計もあり、当然の帰結として、病床はほとんど高齢者で占有されることになる。

「高齢者が多い地方は大変だが、若者が多い都市部の医療体制は安泰」と思うのは大間違いだ。首都圏人口は二〇〇五年から十年間で約七十万人増との予測が出ているが、その内訳は、現役世代と子供は二百万人減少する一方、六十五歳以上の高齢者が二百七十万人も増える。七十五歳以上でみると、約百六十万人も激増することになる。

人口増が続く中京圏や関西圏でも、現役世代が減って高齢者が増えるという傾向は首都圏と同じ。むしろ三大都市圏の方が、高齢者激増のインパクトを吸収しきれずに、現役世代や子供に対する医療機会が奪われるのは確実だ。都市部の勤務医はこう話す。

「毎日、ベッドコントロールで闘っています。今後恐らく、都市部の一般病院が最も深刻になると知っている現場は戦々恐々としている」

タブー視される高齢者批判

高齢化に伴う医療費の増大という現象は、先進国に共通した傾向ではある。かつて自国の高齢化を「ザ・シルバー・ツナミ」と例えたリー・クアン・ユー首相（当時）

のシンガポールには、「強制貯蓄制度」なるものがある。給与から強制的に平均で一七・五％程度が天引きされる一方、雇用者も二二・五％を払っているが、積立金は医療と住宅以外には勝手に使えない。金額が底をついた時点で医療は中止になる。

豪州では病院同士を競わせる。例えば一定予算で一千人の心臓病の手術をしたA病院は予算が増額され、八百人しか手術をしなかったB病院は減額になるという。病院も限られた予算でより多くの治療を提供しようと懸命だ。

前出の川嶋准教授もこう指摘する。

「英国やドイツでは、六十五歳から七十歳以上になると、人工透析に保険が適用されなくなる。自己負担できない高齢の患者は治療中止になる。日本でも、せめて新規に人工透析を始める患者はある程度は自己負担をすべきだ。ガン保険があるように糖尿病保険ができてもいい。しかし、日本では人工透析の医療費抑制案は具体化していない。そうした提案をすると、『弱いものイジメだ』と批判され、マスコミも騒ぐからでしょう」

医療費増大という危機的状況を乗り切るには、今以上に厳しい制度の導入が避けられない。だが、社会的にも高齢者批判がタブー視される中、こうした無駄な医療行為によって国家財政が食い潰される現実的な危機が刻一刻と迫っている。望まない医療行為を施された上に社会保障制度崩壊の元凶とされるならば、高齢者にとってもこれ以上の「悲劇」はあるまい。

※

二〇一四年に厚生労働省が発表した資料によると、後期高齢者の一人当たりの医療費は、後期高齢者以外の国民一人当たりの医療費の実に四・五倍。診療費は入院を伴うもので、六・七倍、入院以外でも三・六倍と高齢者が圧倒的に医療予算を使っている現状は変わっていない。

文中に触れられていた人工透析については、日本人工透析学界が一五年に発表した推計で、患者数が三十二万人を突破しており、増加傾向のまま推移している。

老人に日本が食いつぶされる日が着々と近づいているようだが、第二次安倍政権誕生以降「厚労省はまともに高齢者医療費問題に取り組んでいない」(同省担当記者)のが実情だ。年金や薬害などで槍玉《やりだま》に挙げられている厚労省の発言力は凋落《ちょうらく》している。高齢者向けに「ばら撒《ま》き」を行って支持率を維持している安倍政権下で、聖域にメスを入れる気はない。

一五年に実施された国勢調査を基にした将来人口推計はまだ発表されていないが、毎年のように人口が減少している状況を鑑《かんが》みれば、好転することはありえない。「高齢者タブー」はこの先二十年はこの国を蝕《むしば》み続けるだろう。

膨張する警察の「利権」

暴力団とパチンコがドル箱

安全・安心な社会。警察が標榜《ひょうぼう》する理想だ。一見、「人畜無害」なこの号令のもとで警察の利権が拡大し、ここにきて暴走している。

警察官の再就職先といえば、古くは交通安全協会や、警備会社くらいしかなかった。しかし一九九〇年代以降、警察は民間企業にOBを送り込む手段と、その蜜《みつ》の味を覚え、「植民地」を拡大してきた。

「暴力団排除条例は、その究極の着地点。根本的解決を先送りしながら、警察の利権を拡大できる最高の道具だ」

警察取材の長い、全国紙社会部記者はこう語る。事実現場では、警察OBが引く手数多《あまた》の様相を呈している。この路線を象徴的に示すのが、二十八万人余りの警察組織の首脳人事だ。二〇一二年六月時点の警察庁長官は一一年十月に就いた片桐裕《ゆたか》（一九七五年入庁）。一方の雄である警視総監は、樋口建史（七八年入庁・二〇一一年八月就任）であった（一四年四月現在、警察庁長官は米田壮、警視総監は高綱直良）。

この二人はともに、警察庁で生活安全局長を務めた。本来警察における出世頭といえば、「警備公安畑」だった。警視総監にせよ、警察庁長官にせよ、過去に生安局長を務めた人物はほぼいない。しかも、それが同時にトップを務めているのだ。ある警察OBはこう漏らす。

「警備公安の凋落《ちょうらく》もあるが、生安の地位がインフレしている」

厳密にいえば、片桐、樋口ともに、県警と本庁を往復する中で、警備公安の重要ポストを経験している。しかし、両者が生安畑に足を踏み入れた一九九〇年代は、萌芽《ほうが》していた警察利権が花開こうとしていた時期と重なる。

九〇年代に学んだビジネスモデル

「国民の安全・安心な生活を守ると、自らの利権にもなる。警察は八〇年代から九〇年代にかけて、そんな鉱脈を発見した。名付ければ『警察安心商法』の始まりだ」

前出社会部記者はこう語る。最初の鉱脈は、総会屋対策の現場に埋まっていた。一九七〇年代以降、日本中で跋扈《ばっこ》していた総会屋の数は八千人以上ともいわれる。戦後の超高度成長時代を経て、日本経済が成熟する中で、その取り締まりは時代の要請であった。

八一年の商法改正により総会屋への利益供与などが禁じられ、取り締まり対象となった。ただ、総会屋はもちろん、後ろ暗いところのある「非協力的企業」も生き残る。その後の、警察の粘り強い取り締まりにより総会屋は徐々に減少、九七年の商法改正時に激減した。前出の社会部記者が語る。

「この過程で、上場企業に警察ＯＢが迎えられるようになった」

総会屋を根絶するという職務を果たすと、ＯＢの面倒までみてくれる。ここで警察は、安心商法のビジネスモデルを学んだのだ。

そして、八八年に生まれたのが今に連なる巨大パチンコ利権である。主役は当時、警察庁の保安課長であった現衆議院議員の平沢勝栄《かつえい》だ。パチンコ業界関係者が語る。

「政権が交代しようが、パチンコが平沢の絶対的植民地であることに変わりない」

平沢が取り組んだのは、プリペイド・カード（ＰＣ）導入だ。カード会社がパチンコ店の売り上げを完全に把握できるこのシステムは当初、業界に受け入れられなかった。しかし、導入と引き換えに、以前よりも賭博《とばく》性の高いパチンコ台を認めるという

「インセンティブ」を与えたことで一気に広がり、同時に業界全体の売り上げも向上する。結果、PC会社は優良天下り先の一つとなった。

業界への接近は売り上げの透明化以外に、「暴力団排除」という目的もあった。当時の景品交換所には、暴力団が巣食っていた。これを、賭博としての違法性を阻却するとされる「三店方式」を導入する過程で徐々に排除。三店方式とは、パチンコの景品を買い取る「交換所」と、景品問屋を介在させることでパチンコ店が直接景品を買い取るのではないという形式を持つためのもので、「問屋」には、各県警のノンキャリ組が天下っている。

平沢はパチンコ業界を健全化したうえ、警察の利権を作ったのだ。平沢が所属した保安部が昇格し、現在の生活安全局になった。

暴力団から奪った「縄張り」

パチンコ関連天下り先として有名なのは一般財団法人の保安通信協会（保通協）だ。各都道府県公安委員会の委託を受け、パチンコ（スロット）台の検定を独占的に行っている。保通協の前任の理事長は、元警視総監の吉野準だ。現在の理事長はＪＦＥスチール出身の久保國興《くにおき》に代わっているが、専務理事など役員には警察庁の局長や県警本部長OB、つまりキャリア組が役員として居並ぶ。

保通協には、「過剰検定疑惑」がある。検査の手数料は条例で定められており、全国一律でパチンコの場合、一機種約百五十二万円かかる。スロットは同約百八十一万円だ。二〇一〇年度の申請件数をみると、パチンコ六百五十五件、スロット六百六十九件であった。しかし、実際にメーカーが販売したのはパチンコ、スロット共に百機種前後。つまり、過剰に試験申請することで検定料を警察天下り団体に流す「事実上の袖《そで》の下」(前出関係者)といわれている。

また、メーカーや大手パチンコ店は多くの警察OBを受け入れている。一一年に起きた一つの「事件」が契機となり、この傾向に拍車がかかっている。一一年六月、パチンコホール業界三位、「ガイア」の代表取締役が覚醒剤《かくせいざい》使用で逮捕された。

警察は、パチンコ店経営者の刑法違反に厳しく、通常、店舗は営業停止処分を受ける。ガイアは店長を置くだけの「直営店」を全国に抱えている。つまり、経営陣の不祥事はそのまま、全直営店閉鎖という事態に繫《つな》がりかねない。しかし、ガイアに営業停止処分は下されなかった。

「ガイアが抱える約六十人の警察OBが『活躍』した」

大手パチンコ・チェーン関係者はこう語る。事件発覚後に同社の「警察OB部隊」は、全国へ散ったという。この関係者は語る。

「業界内では、警察官の再就職を受け入れておいて損はないと再認識され、OB獲得に動いている」

前述した総会屋対策と、このパチンコ利権には「反社会的勢力の排除」という共通項がある。合法的に反社会的勢力の縄張りを奪ったのだ。わかりやすくいえば、「暴力団に払うより警察に払え」ということだろう。

「二〇一一年、生安出身2トップが生まれたのは偶然じゃない」

前出した社会部記者はこう語る。一一年十月一日、暴力団排除条例が、東京都と沖縄県で施行されたことで、全都道府県が出揃《でそろ》った。暴排条例は、片桐の前任者である安藤隆春が推し進めてきた「暴力団壊滅作戦」の一環であったことは周知の通り。

パチンコ利権であれば対象は限られるが、暴排条例により、ありとあらゆる企業、業界が「警察一家」の縄張りとなった。関西地方の金融機関の幹部はこう漏らす。

「これまでもOBを受け入れてきたが、人数増を求められそうだ」

警察による「斡旋《あっせん》」が以前より強くなるのだ。企業側が欲しい人材を求めるのではなく、警察から、「こいつを雇ってくれ」と押しつけられることも多いという。

意外なところでは、ゴルフ場も新たな再就職先として浮上している。一二年、宮崎県のゴルフ場で、暴力団員が詐欺《さぎ》容疑で逮捕された。暴力団員である事実を隠してプレーをしたことが詐欺にあたるという。弘道会ナンバー2に対しても同様の容疑がかけられたことがある。

宮崎での逮捕劇を呼んだのは、警察OBのゴルフ場職員による通報だ。在阪の社会部記者は話す。

「ゴルフ場利用での詐欺は、警察の一つの切り札。一見して見分けがつかぬ暴力団関係者も警察OBなら見抜けると、今後売り込むのではないか」

暴力団との「親密交際者」と認定されれば、銀行取引が停止されるなど、企業にとって「死刑判決」にもなりかねない。警察OBを受け入れることで、未然に防ぐことができるならば安いものだ。

「体感治安の悪化」が追い風

「暴排天下り」の一つの着地点ともいえる再就職が、二〇一二年四月に行われた。警視庁で組織対策、つまりマル暴のスペシャリストとしての経歴を積んだ前組織犯罪対策部長の毛利徹也が、定年を前に退職し、フジテレビに再就職したのだ。

一一年夏、暴力団との交際による有名タレントの引退騒動が起きたことは記憶に新しい。この時期に、ここまであからさまな「天下り」を許す警察はもちろん、「受け入れるフジテレビもいかがなものか」(民放OB)という声が上がる。

一連の警察による「安心商法」は、国民の暗黙の支持を受けているだけに根が深い。

体感治安。一九九〇年代に生まれた言葉である。実際の犯罪発生(認知)件数や検挙率といった客観的データではなく、個人の主観による治安情勢のことだ。この言葉が生まれた九〇年代、オウム真理教による地下鉄サリン事件や、神戸連続児童殺傷事件などの特殊事件がいくつも発生した。有名な事実ではあるが、殺人などの凶悪事件の発生件数は戦後、基本的に減少傾向だ。しかし、読売新聞社が二〇〇八年に行った世論調査によれば、犯罪に巻き込まれ被害者になるかもしれないという不安を感じている人が、「大いに」「多少は」を合わせて七〇%に上った。同じ質問をした一九九八年調査より一三ポイント増加したという。同じ調査では、ここ数年の治安について「悪くなった」と答えた人が八六%に達している。

世界的に見て極めて安全なこの国で、さらなる安心感を得たい国民の目に、警察が掲げる安全・安心社会は頼もしく映る。ある種、潔癖症的な強迫観念である。

しかし、「安心商法」の最終兵器である暴排条例は、安全・安心な社会をもたらすのか。

二〇一〇年四月に全国に先駆けて暴排条例を施行した福岡県。北九州市を筆頭に、以前にも増して企業を狙《ねら》った銃弾撃ち込みや爆破事件が発生していることは周知の通りだ。一二年四月十九日には、暴力団担当だった元警部が銃撃される事件が起きた。福岡県は、工藤會、道仁会など土着五団体がひしめきあい、そこに山口組が入り込む特殊な土地である。しかし、それを差し引いても、一般人をも巻き込む危険な「戦闘状態」になったことと暴排条例は無縁ではない。

「最近は暴力団員ではないグレーゾーンの人間が増加している」

暴力団関係者の取材を長年続けている記者の一人はこう語る。一二年三月十五日に警察庁がまとめた一一年の暴力団情勢調査によれば、暴力団の構成員と準構成員の合計は、前年から八千人も減少し、約七万人となった。減少した八千人は決して更生したわけではない。暴排路線により水面下に潜り、より深刻な治安悪化要因となった場合、警察による安心の押し売りは、もはや詐欺に近いといえる。

犯罪検挙率は低落傾向

「警察内部にも安藤路線に疑問を感じている人間はいる」

刑事畑を歩く警察官はこう語った。条例違反という「微罪」でなく、正面から刑法犯として処分すべきだという正論だ。

つまり、現在警察が推し進めているのは、暴力団問題の根本的解決を先送りにするばかりか、悪化させながら自らの利権は確保するという、治安機関としては自殺行為ともいえる暴挙なのだ。別の見方をすれば、警察こそ暴力団の恩恵を受けているのだ。

「日本ほど警察が多くの利権を持つケースは欧米にはない」

外国の警察事情をよく知る、警察ＯＢの一人はこう語る。

米国の場合、警察官の社会的地位自体がそれほど高くない。そもそも州単位で構成され、連邦捜査局（ＦＢＩ）からも独立している。日本の「公安委員会制度」も、米国を土台としたはずだが、骨抜きにされ、中央集権的な官僚組織になったことは周知の通りだ。

米国よりは警官のステータスが高く、官僚機構のある英国では、天下りは多少あるものの、国民の監視の目に晒《さら》されており、日本ほどの巨大な利権ではない。警察が「みかじめ料」のように金をむしり取る光景は、多くの途上国、後進国でみられる。日本の警察がやっていることは、「手口が『スマート』になっただけで大差ない」（前出社会部記者）のだ。

国民に広く浸透した「防犯意識」が、世界に誇れる治安をもたらしたことは事実だ。しかし、そこにつけ入る形で、「安全を守る」と言い寄り、警察が蔓延《はびこ》る姿は醜悪だ。また、「犯罪が発生した際に犯人を検挙し送検する」という、警察が持つべき本来の機能は劣化している。殺人事件の検挙率こそ、九五％前後で推移しているが、強盗、放火、強姦《ごうかん》といったその他の凶悪事件では低落傾向にある。

これを棚上げして、「安全・安心」とは呆《あき》れてものもいえぬ。警察の利権拡大を許してはならない。

※

パチンコ利権については、この記事が掲載された当時から状況はほとんど変わっていない。保通協の常勤理事には、元警察庁情報通信局長と元福岡県警本部長という二人の警察キャリアが天下りしている。

暴力団排除条例の施行から五年が経過し、山口組分裂という局面を迎える中、「暴排利権は拡大の一途」（全国紙社会部記者）という状態だ。

日本貿易振興機構（JETRO）

海外で放蕩三昧《ほうとうざんまい》の「無用の長物」

派手なパフォーマンスで世間から注目された割には、恥ずかしいほど羊頭狗肉《くにく》の結果に終わった民主党の「事業仕分け」。その陰でにんまりとほくそ笑んだ省庁や傘下《さんか》の独立行政法人は多い。日本貿易振興機構（JETRO、以下ジェトロ）もその一つだ。

日本の基幹産業たる製造業の大勢が加工貿易から海外生産に切り替わった時点でジェトロの役割も本来終わったはずだった。だが、経済産業省の庇護《ひご》のもと、海外進出をはかる民間企業の「水先案内人」を自任し、「現地情報の収集」や「各国の経済環境分析」というもっともらしい任務を大義名分に掲げ、いまもアジア新興国への拠点網を拡充しながら、まんまと生き永らえている。

しかし、日本企業の支援とは名ばかり、ジェトロ現地事務所の実態を聞けばあいた口が塞《ふさ》がらない。時代遅れの「親方日の丸」意識にどっぷりと浸《つ》かり、本業である現地情報の収集もそっちのけで、民間企業にたかって日夜酒食に耽《ふけ》る者あり、調査名目で自らの私腹を肥やす者あり……。日本からの厳しい監視の目が届かないのをいいことに、放蕩三昧の毎日を送っているようだ。

「ジェトロ貴族」なる尊称

「あのバカ所長、何とかなりませんか。日本に帰ったら彼の異常な言動を本部に密告してください」

以前、アジア某国のジェトロ事務所のローカルスタッフから真剣な眼差《まなざ》しでこんな告発を受けた。聞けばその所長、昼間から酒を飲み、真っ赤な顔をしてデスクに座り、あたり構わず所員を怒鳴り散らしては、現地スタッフ全員から総スカンを喰らっているという。

そうかと思えば、某国事務所のスタッフからは、「うちの所長は講演や外部原稿の執筆にうつつを抜かし、自らの小遣い稼ぎに余念がない」と苦笑交じりの不満も聞く。スタッフは所長の行動をよく観察している。わざわざ出席しなくてもいいような小さなイベントにまで出向いて上座に座る栄誉を得ることだけに執心する勘違い所長や、毎日何もすることがなく、日がな一日ただ現地紙やインターネットを眺めるだけの所長……その不遜《ふそん》な行状を挙げればきりがない。

そうした中には、経費削減がうるさい昨今の民間企業では考えられない放蕩三昧の所長もいる。近年、自動車産業が熱い視線を注ぐ東南アジア某国には、首都南部の一角に日本人向け歓楽街があるが、ここは同国ジェトロ事務所のもう一つの「根城」といっていい。民間企業の現地駐在員の間で、「飲食カラオケ接待機関」という不名誉な烙印《らくいん》を押されている所員らが連日、民間からの情報収集を名目に、経費をふんだんに使う昔ながらの飲食接待を繰り広げている。ある日系建設会社社長が、その所長と夕飯を共にしようと誘うと、「今月はほとんど空いていない」と断られたが、その歓楽街に繰り出すと、件《くだん》の所長に何度もバッタリ。「夜な夜な飲み歩いているという噂《うわさ》は本当でしたね」(同社長)と呆《あき》れ顔だ。

ことほどさように、ジェトロ事務所所長ともなれば、いわば「一国一城の主《あるじ》」。ローカルスタッフを顎《あご》で使い、現地企業関係者にはもてはやされ、酒食に耽るやりたい放題の日常を誰に咎《とが》め立てされることもない。また、その生活ぶりは、日々厳しい批判の目に晒《さら》される国内の公務員とは雲泥《うんでい》の差だ。とりわけ、今後の経済成長が期待されるアジア諸国の現地事務所であれば、日本との経済格差もあって、大手日本企業の現地法人社長などは足元にも及ばない、現地の富豪並みの生活をしている。

例えば、経済成長著しいタイ、ミャンマー、カンボジア、ラオスなど東南アジアを統括するジェトロのバンコク事務所。中心部ルンピニ公園近くの高層オフィスビル「ナンタワンビル」十六階にオフィスを構える。所長を筆頭に約二十人が配置されている日本人職員の大半は、スクンビット地区の高級コンドミニアム街に豪勢な邸宅を構える。床面積四百平方メートルを超える豪邸に身を置く者も珍しくなく、運転手付きの高級車に、身の回りの世話をするメイドは当たり前だ。しかも聞けば、家賃の自己負担はほとんどないというのだから驚きだ。

年間給与が国家公務員を上回っている独立行政法人は少なくないが、ジェトロもそのひとつで、三〇％ほど高く、独法の上位二～三位。さらに海外駐在者には「海外赴任手当」も支給される。駐在先のカントリーリスクや治安の危険度によってその額はまちまちだが、アジア赴任者はシンガポールを除き、欧米赴任者よりも総じて数倍高いのが実態だ。こうした手厚い待遇が時代錯誤のジェトロ職員の豪華な日常を支えている。

このような事情は各地の企業駐在員にとってはいわば「常識」であり、彼らの一部からはこうした実態を揶揄《やゆ》し、「ジェトロ貴族」なる「尊称」まで生み出されている。

私腹を肥やす所長たち

ジェトロ所長の中には、その立場を利用して企業にたかる不届きな輩《やから》も多い。ある大手日系企業のアジア某国駐在員は、ジェトロ所長の目に余る行状を吐露する。

「赴任直後、所長への表敬訪問のためにジェトロの事務所を訪ねると、所長からいきなり数十枚の領収書の束を渡されました。中には日本円に換算して十万円を超える高額な領収書も交じっていた。所長は何も説明しませんでしたが、領収書を処理してくれということは明白だった。社に帰って、恐る恐るベテランの駐在員に聞くと、〝あの所長はよくやるんだ〟とこぼしていた」

領収書は酒宴のものばかりでなく、中には旅行やプライベートな買い物の領収書もあったという。日常的に派手な金遣いが指摘されるジェトロでも、さすがに現地での接待や飲み食いの精算が度を越せば経費が目立ち、本部での人事評価が落ちかねない。そう心配した末の所業だろうが、所長の領収書をツケ回しされた企業もいい面《つら》の皮である。ジェトロ側も、「将来の何らかの見返り」をにおわせるが、いまやジェトロには便宜供与できるほどの人脈も情報もないことを企業側も分かっている。だが、ジェトロ所長ともなれば、現地日本人会の「顔役」でもあり、企業側はこうした要求を無下に断ることができないのだという。日本企業の支援を本分とするジェトロが日本企業をどのように扱っているか、よく分かる。

さらに、現地事務所所長の中には、より組織的に利権を手にするケースもある。かつて、中国での事業拡大に際してジェトロの現地事務所に所長を訪ねたある日中合弁企業の日本人幹部は、そこでこんなやり取りを経験する。表敬訪問の後、酒席につくなり、所長は中国社会に通じたその幹部に対して、「中国の安いマーケティング調査機関を知らないか」と持ちかけてきたというのだ。件の所長は、「従来の発注金額の半分程度」を提示してきたという。

ジェトロが会員企業向けに手掛けるサービスは企業コンサルティングからM＆A相談まで多岐にわたるが、なかでもマーケティング調査は一大利権と化している。中国市場への進出を切望する日本企業はいまだに後を絶たないからだ。そうした会員企業向けにジェトロが提供しているマーケティング調査費用は一千万円前後、時には二千万円に上るケースも多いと言われ、ジェトロの大きな収益源となっている。

しかし、実際にはジェトロはその数分の一のコストで現地の下請け機関に委託しているケースが多く、その差額はまるまる儲《もう》けとなっている。しかも仲介業者は揉《も》み手で、ジェトロ職員への度重なる「饗応《きょうおう》」や「要求」にも応じているという。安い調査機関の探索はマーケティング調査事業にまつわる「利幅」を大きくするのはもちろん、業者選定の過程でジェトロ側に「新たな利得」をもたらす。

一方で、ジェトロ側が発注する調査は、結局は極めて限られた最終委託先に集中することになる。日本とは違い、国家管理の厳しい中国には、マーケティング調査を担《にな》える独立系の調査機関などはほとんど存在していないためだ。そのうちの一つである北京の零細弁護士事務所は、最近、市中心部の豪華なオフィスビルのワンフロアを占めるまでに大儲けしたというから、ジェトロ発注の調査事業は中国側にとってもいかに旨《うま》みのある利権構造となっているか分かる。

前出の日中合弁企業幹部もこう語る。「現地事務所の所長というのは、相当おいしい地位なんだろうね。退任間際《まぎわ》になると、やれ子供の進学だの何だの、いろんな理由をあげては退任を先延ばしにする工作に頭を働かせていた」。

日本企業への支援も「金次第」

ジェトロ海外事務所の腐敗は、いまや所長や日本人職員にとどまらず、その末端にまで及んでいる。ジェトロは現在、「海外投資アドバイザー」なる嘱託職員を各地で抱えている。まともな情報収集をしておらず、素人《しろうと》同然のジェトロ海外事務所を補完すべく、近年民間から招き入れた人材で、当該地での駐在ビジネス経験が長く、商社、メーカー、金融機関と職種は様々だが、概して大手企業で現地ビジネスに携わった経験を買われて採用されている。

彼らは当該地の事情に詳しいため、ジェトロ職員よりも企業からは頼りにされており、場合によってはジェトロの正規職員や現地事務所所長などより強い発言力を持つこともある。

「現地調査」の名目で、時に数億円単位の予算の多くを実質的に現場で差配するのも彼らであり、現地の細かな事情に疎《うと》い所長の目の届かないところで、懐《ふところ》を潤《うるお》す者も出てくる。

ある日系商社駐在員はその実態をこう語る。「関係者によると、各種の現地調査費などが年度予算に計上されると、実務ベースでは現地調査機関などに発注することになる。あえて旧知の発注先に依頼することで、調査費用の払い込み後に一〇％、あるいは二〇％もの金額をリベートとして受け取る。調査を長引かせれば次年度にも予算が追加され、旨みも続く。調査内容など精査されることはなく、その調査が日本企業にとってどの程度有益かは彼らには関係ない」。

こうした金銭にまつわる疑惑は、各国のジェトロ海外事務所周辺でしきりに飛び交っている。ジェトロは二〇一二年三月に、今後の経済発展が期待されるミャンマーで日本企業を売り込むための展示会を開催したが、関係者は怒りを募らせる。出展を希望した多くの中小企業が締め出されたのだ。事情を知る関係者はこう語る。

「選考にあたっては、金を出したところにまず出展を許し、次いで名の知れた大企業という具合に優遇していった。ジェトロは今回の展示会で自分たちの金をほとんど使っていない。大半の費用は協賛金という名目で出展企業から巻き上げた金で賄《まかな》ったようだ」

そもそもジェトロの設立目的は、中小企業を中心とする日本企業の海外ビジネスを支援すること。もはや、本業の企業支援さえも「金次第」ということなのか。

経産省の金城湯池《きんじょうとうち》・天下り組織

歴代理事長十二人のうち、最初の四代を除く八人がすべて経済産業省（旧通商産業省）出身者という事実が示すように、ジェトロは経産省にとって金城湯池の天下り組織でもある。経産省が省益維持と組織拡張にかける執念をみせ、あの手この手で延命策を弄《ろう》してきたジェトロ。その結果、予算規模は一時期よりは縮小されたとはいえ、二〇一四年度は三百三十九億二千万円と依然として巨額だ。

ジェトロのその巨額の予算の中身にも、不可解な点がある。予算にある「業務収入」なる項目は、投資ミッション&セミナーや国際展示会開催に伴い、企業からの協賛金という名目で集めた収入や海外ビジネス・サポートセンターの入居費用なども含まれるが、実は、その収入源の大半は「出所不明」なのだという。その金額は一〇年度には七十一億四千二百万円にも上り、予算収入合計の実に一八・九%をも占めている。これについては経産省や各独法からもっともらしい名目で迂回《うかい》してきた資金である可能性が一部で指摘されている。調査費や協力費という名目さえ整えば、ジェトロでは資金のキャッチボールは容易だ。ここに至ってジェトロは、不明朗な資金の還流先としての役割も担っているということか。

日本企業の海外進出支援を大義名分に、多額の税金を費やした挙げ句、海外で放蕩三昧の生活に明け暮れ、民間企業に寄生しては、せっせと私腹を肥やす算段を巡らす。日本企業の水先案内人が聞いて呆れる。一体、ジェトロとは何のための組織なのか。

「不要論」が付きまとうこのような組織をいつまでも存続させておくなど、危機的な財政状況の折も折、税金の無駄遣い以外の何物でもなかろう。

教育委員会

即刻廃止すべき組織

「教育委員会（教委）は学校教育の癌《がん》であり廃止すべき」

二〇一一年十月に起きた滋賀県大津市のいじめ自殺事件を取材した、教職経験を持つ全国紙社会部記者はこう切って捨てる。

「いじめ事件が表に出ても教育委員会は十年一日のごとく隠蔽《いんぺい》を図る。それが彼らの本能」

大津市の教職員の一人はこう打ち明ける。都道府県、市町村単位に委員会を設置し教育行政を司《つかさど》るという「教育委員会制度」。戦後の導入から既に半世紀以上が経過しており、かねて改革が叫ばれてきた。最近では、大阪市立桜宮高校の体罰による生徒の自殺事件を受けて、大阪市長（当時）の橋下徹が「攻撃」の対象としたことも記憶に新しい。

「生徒を守る」という最低限の仕事すらできないばかりか、事態を隠蔽するという実態から、教委が制度疲労を抱えている現状が浮かび上がる。

労使関係にあり対立構図にあるはずの教師とも結託する教委の醜悪な姿さえある。教委制度は限界を迎えている。

「いじめ事件」隠蔽のカラクリ

大津市のいじめ自殺事件は、学校と教委に加えて、市に警察までが加わって愚劣な対応を繰り返したことで、批判が集中し、問題が拡大した。しかし、これはあまりに稀《まれ》なケースだ。

世にいじめが溢《あふ》れかえっているのは言うまでもない。ほんの悪ふざけから、深刻な犯罪まで数多《あまた》ある。しかし、重大な事件で、たとえ被害者が騒いでも公《おおやけ》にならず、隠蔽される例も珍しくない。一件の圧殺されたいじめ事件から、教委問題の構図が浮かび上がる。

埼玉県内に住む高校一年生の男子生徒A君は、二〇一一年まで通っていた中学でいじめを受けた。二年生の頃から、遊び仲間だった四人の同級生のターゲットにされた。

「段々きつくなって、裏サイトではあることないこと書かれて、殴られるようになった」

実際、A君は暴行により左目上と唇に裂傷を負い病院で治療を受けた。三年生の夏休みの直前、その日も教室で四人に囲まれて暴行を受けていたときに、A君は爆発した。手に届くものを片っ端から投げつけるなどして暴れたという。その際、教室のガラスが割れて騒動となる。複数の教師からの事情聴取を受けたA君は、思いきって四人から受けた暴力について訴えた。しかし、教師側は「ケンカ両成敗」という形で幕引きを図った。

これを知った母親は、以前の怪我《けが》の原因がわかり、学校側に抗議した。しかし、「ケンカ」で通そうとする担任や教頭に業《ごう》を煮やし、つてを頼りに市の教育委員の一人に相談をした。ようやく学校側はA君や加害生徒だけでなく周辺生徒への聴取をするなど再調査を行った。しかし、最終的に結論は変わらなかったのだ。

長引く調査に苛立《いらだ》っていたころ、母親は最初に相談した教育委員から電話を受けた。

「現場で校長先生が困っているようだ。いじめではないという先生から反対に責められている」

世間一般で考えられている教育委員会の権力を信じていたA君の母親はこの時点で

勘違いに気付かされた。受験を控えていることもあり、これ以上の追及を断念したという。

「教委と現場教師の対立構図というのは、真実ではない」

前出の社会部記者はこう語る。

世間一般での教委批判の多くは、教師側の視点から出されている。日の丸・君が代問題での、教委と現場教師の軋轢《あつれき》が代表例だろう。しかし、これこそほんの一面にしか過ぎない、とこの記者は続ける。

「教委と現場教師は事実上一体であり、特に不祥事や、問題教師の隠蔽については共同歩調で組織を守ってきた」

一二年七月二十四日、十六歳の少女を脅迫し裸を撮影したとして、京都府立高校教師を逮捕。八月十七日、渋谷区の路上で女子高生の口に白い液体をなすりつけたとして、福島県立高校の教師を暴行容疑で逮捕。八月二十日、愛知県名古屋市の市立中学教師が、高校一年生の少女にみだらな行為をして逮捕。

全国の新聞に、教師によるわいせつ事犯が載らない日はないかのようだ。これ以外にもこの間に、下半身を露出した例などは掃いて捨てるほどある。

刑事事件化した場合、逮捕された教師は「懲戒免職」になる。しかしこれだけのわいせつ事犯が続出するということは、教師という集団に犯罪予備軍が大量に控えているということだ。

「公になればれっきとしたわいせつ行為が、学校教委レベルで情報を抑えられるケースは後を絶たない。逮捕された教師は運が悪かったくらいに思っているだろう」

東京都西部の公立中学教師はこう語る。

彼の勤務する中学には一一年まで「常習犯」がいたという。

米国から「移植」された制度

バレーボール部の顧問をしていた三十代の教師には、かねて生徒からビデオ撮影についてクレームが出ていた。試合や練習中の風景をカメラに収めているが、その映像を生徒に見せることはなかった。

そして二〇一一年末、バレーボール部員が着替えをしていた教室内でビデオカメラが発見された。当然騒動になったが、すぐに教頭が対応に当たったという。ではその教師にどのような処分が下ったか。

結論からいえば、バレー部の顧問を外されただけで、事件は公にされず、当該教師は翌春に市内の別の中学校に異動となった。

「学校だけでなく、教育委員会にも話が上がったというが、最終的に生徒への『教育的配慮』で決着したらしい」(前出中学教師)

被害生徒が好奇の目にさらされるのを防止するという説明だ。この教師によれば、市内の別の中学には生徒との性交渉が複数回発覚した教師がいたという。同僚が語ったところでは、最終的に一身上の都合で退職するまでに少なくとも一回は教委の耳に届く問題となったが、処分はされなかった。その時の説明もまた、「教育的配慮」だという。

前出社会部記者はこう語る。

「私が教師をしていた際には、手癖が悪い同僚がいた。赴任先の職員室などで財布からカネを抜くなどを繰り返していたが、まともに処分もされず教師を続けていた」

前述した東京の例のように、「教育的配慮」という言い訳すらできない。こうした事件はほんの一例なのだ。

つまり教師集団の一部は犯罪予備軍であると同時に、相当数の「犯罪者」を抱えていることになる。たまたま警察に摘発されれば免職にするが、そうでなければ組織ぐるみでもみ消す。なぜこんなことがまかり通るのか。

市町村の教育委員会を見ると、そこにいるのは教職員ばかり。市立小学校、中学校の教師は、現場と教育委員会を往復する中でキャリア・アップしていく。つまり、教師を使用管理する教委も実態は教師の集まりなのだ。

大津市の事件でも、澤村憲次教育長が、事件の舞台となった大津市立皇子山《おうじやま》中学校の元校長であったことが指摘された。では教育長とは何か。

戦後、米国は軍国教育に繋《つな》がった日本の教育制度を改めるために教育委員会の設置を勧告した。

これは、米国の制度の「移植」であり、教育を行政から独立させ中立性を確保するためのものだった。

一九四八年にスタートした教委制度は直後から躓《つまず》く。当初の教委制度は本家米国と同様に委員の住民による公選制を敷いたが、これによって、教育委員が党派抗争の道具となり、教職員を動員した選挙活動なども横行したのである。これを解消するために、五六年に地方教育行政法によって公選制を廃止し、首長による委員の任命制度が導入されて今に至る。

実権は「教育長」と教組に

都道府県と市町村におかれた教育委員会は三〜六人の委員によって構成され、そのトップは「教育委員長」だ。そして委員会には事務局があり、そこを統括する立場にいるのが「教育長」である。

教育長の権限について、地方教育行政法は「教育委員会の指揮監督の下に、教育委員会の権限に属するすべての事務をつかさどる」と定めている。首長から任命される教育委員の多くが、「お飾り」と化していることは言うまでもない。一方で事務局は実際の現場における人事権を握っており、教育長が事実上のトップなのだ。そして、この教育長の多くは、地元の教職員出身者で占められる。

文部科学省の二〇一一年度「教育行政調査」によると、全国に一千七百二十人いる教育長のうち、直前に教職員を務めていた人数は三八・四%である。そして、六九・八%は教職員経験を持つ。これらは「ほとんどが、校長経験者」(文部科学省担当記者)だ。

「教育長は教職員の中の出世コースに乗った上がりポスト。彼らが、閉じられた『王国』に君臨する」

前出文科省担当記者はこう語る。

また、教委と対立してきた教職員組合との関係も単純ではない。前述したとおり、現場教師が反発する君が代問題などは一面に過ぎない。教組の強い地域では、教育委員会自体が牛耳られることもある。

〇八年に起きた大分県の教職員採用汚職では、両者の癒着ぶりが問題となった。大分はもともと教組の組織率が九州でも突出して高いことで有名であった。地元紙記者がこう語る。

「教委は校長や教頭の選考について教組からの推薦を受けていた」

使用者という立場にありながら、教委が教組側に操られていたのである。こうした問題は、特に教組が強いと言われる自治体では深刻で、北海道や山梨、福井等が挙げられる。

民主党の輿石東《こしいしあずま》（元）幹事長のお膝元《ひざもと》である山梨県では、〇六年に選挙資金集めで教組幹部が政治資金規正法違反で検挙された。しかし、〇九年になって罰金刑を受けた元財政部長などが教頭に昇進していた。もっといえば「山梨県では教組こそが昇進ルート」（前出大分県地元紙記者）となっている。

実際山梨では、前述したような刑事事件には至っていない問題教師について、教組からの圧力もあって、処分に至らないケースもあるという。

制度疲労は極限に達している

「大分のような教員採用の口利《くちき》きはいまだに続いている」

西日本のある県の高校教師はこう語る。教員採用試験は狭き門であり、多くの人が非常勤講師などを続けて採用を待つことはよく知られている。しかし、教職員の子息や県議の親族などがあっさりと合格するケースが多いという。

「大分のようにカネをもらって、点数に下駄をはかせるといったあからさまな手口ではないが、ペーパーテストではない二次試験以降は、恣意《しい》的な採用がまかり通る」

関東地方の公立高校教師もこう語る。

つまり、教育委員会制度はいまや、行政からの介入を阻止することで、教師というムラ社会の利権を確保するシステムに堕しているのだ。

いじめの現場においても、教委が乗り出すような重要事案で、「現場で教組が調査を妨害した」(前出の関東地方の高校教師)というケースもある。冒頭のA君の事件のように、現場からの突き上げを食らった校長が、調査を骨抜きにしたという。

「児童生徒の問題行動等生徒指導上の諸問題に関する調査」という文科省の資料によると、二〇一〇年度に全国で自殺した小中高生は百五十六人（前年百六十五人）だった。このうち、いじめを受けていたのが四人（同二人）だという。冒頭の社会部記者はこう語る。

「中学生では約半数の二十人、高校生については六割の六十二人について原因は不明となっている。この中にいじめを苦にしたものが相当数隠れているだろう」

組織維持に汲々《きゅうきゅう》としたうえ、生徒をも守れぬのであれば教委は不要である。教組というもう一つの「聖域」と長年のもたれあいの構図をつくってきた教委制度はもはや制度疲労が極限に達している。

「首長が代わるたびに教育方針が変わるといった弊害を生まぬためにも、教育委員会制度は必要だ」という声がある。しかし逆に言えば、教育の一貫性さえ担保できれば教委制度にこだわる必要はないということだ。教育委員会は即刻廃止せよ。

※

二〇一四年六月、通常国会において「地方教育行政の組織及び運営に関する法律の一部を改正する法律」が成立した。改正法は、複数の柱から成り立っているが、最大の目玉とされたのは既存教育委員会の組織改革だ。

本文中でも触れた通り、旧制度では教委には委員会トップである「委員長」と事務方トップである「教育長」が併存しており、責任の所在が曖昧《あいまい》だった。改正法では、両者を一本化する形で、教委の責任者を教育長一人にした。

これによって、地方官僚の指定席となっていた旧教育長のポストは消滅したように見えるが、実際には「名前を変えただけで、事務方トップは残っている」（全国紙社会部記者）というのが現実である。

結果として、教委の学校の隠蔽体質は変化していない。最大の弊害である「いじめ問題」も健在だ。一六年二月には、兵庫県姫路市の中学校教諭が、いじめで大けがをした生徒に対して「階段で転んだことにしろ」などと指示していたことが発覚した。このケースではさすがに同市教委は、当該教諭に停職六カ月の処分を下した。

しかし、この事件が大きく報じられたのは、珍しく教委が厳しい処分を下したからである。裏を返せば、教育現場で日常茶飯事となっている教職員によるいじめ隠蔽のほとんどは、たいした処分も行われていないことを示している。実際、一五年七月には、いじめを苦にした岩手県の中学生が自殺したが、担任教師などに事実を訴えていた疑惑が浮上している。

問題教師に対する処分の甘さも相変わらずだ。一六年五月には、京都市の障碍者《しょうがいしゃ》の通う支援学校の教諭が生徒と肉体関係を持ち懲戒免職となったが、その事実を京都市教委は公表しなかった。妻をもつ教師が生徒と関係を持っただけでも信じられないが、精神的な障害を持つ女生徒に付け込んだ可能性もある唾棄《だき》すべき事案を、教委は「生徒への影響を考慮した」という一言で闇《やみ》に葬《ほうむ》ろうとしたのだ。

結局小手先の教委改革はなんら成果を出していない。「いじめ自殺」が大きな社会問題になるたびに批判されてきた教委だが、そのたびにほとぼりが冷めるのを待って生き延びてきた。「喉元《のどもと》過ぎれば熱さを忘れる」。地方官僚の保身組織でしかない教委はやはり解体すべきだろう。

沖縄防衛局

カネと利権をばらまく「伏魔殿」

米軍普天間《ふてんま》飛行場のたらい回しという難題を押し付けられ、反対の大合唱の中、米海兵隊・空軍の垂直離着陸輸送機オスプレイも配備された沖縄県。彼《か》の地で、防衛省の出先機関として自衛隊、在日米軍と地元自治体、住民との調整、連携を担《にな》うのが沖縄防衛局である。だが、その連絡調整の任務は表の顔であり、逆光線を当てると、日米同盟強化の名の下で権益拡大を狙《ねら》う諜報《ちょうほう》工作機関、そして米軍再編をめぐる利権調整役としての裏の顔が浮かび上がる。

沖縄防衛局は全国に八カ所ある地方防衛局の中でも注目度が格段に高い。

在日米軍基地の七四％が沖縄に集中し、近年では中国の軍拡に対抗する南西諸島防衛強化の最前線となっているためだが、それだけが原因ではない。トップの局長だった眞部朗《まなべろう》とその前任の田中聡がミソをつけた余波があまりに大きいからだ。

電力業界と酷似の「なんでもあり」

田中は二〇一一年十一月、報道各社との懇親会で、普天間飛行場の移設予定地である名護市辺野古《へのこ》の環境影響評価書の提出に関し「犯す前にこれから犯しますよと言うか」と発言した問題で更迭《こうてつ》され、四十日間の停職処分を受けた。後任の眞部は田中の前任者でもあり、わずか四カ月で沖縄へ戻る羽目に。その眞部も一二年一月、普天間飛行場を抱える沖縄県宜野湾《ぎのわん》市長選に向け沖縄防衛局で職員らの有権者リストを作成し、普天間移設を進める選挙介入と受け取られかねない「講話」をしていた問題が内部告発の形で明るみに出た。

眞部は防衛省訓令に基づく「訓戒」処分に留まった。田中とは対照的に緩い対応で、その後の二人の歩んだ道も明暗が分かれた。この相違は組織の病巣《びょうそう》を窺《うかが》わせる。

田中の問題はいわば「放言」「暴言」の類《たぐ》いで、言い訳のしようがない。処分後、田中は大臣官房付を経て技術研究本部技術企画部長という閑職に飛ばされ、官僚としての「余生」をひっそりと送っていた。しかしその後一三年四月に官房参事官に就任。審議官を経て一四年一月に装備施設本部副本部長に昇格している。

一方の眞部は一二年九月の定期異動まで沖縄防衛局長を続投して、その後、防衛省の事務方ナンバー2の防衛審議官まで上り詰めた。

眞部のような言動は歴代の沖縄防衛局長が行ってきたことであり、個人の問題とは言えない。県知事選でも部課長会議や課の朝礼で幹部が投票に行くよう指示してきたことは公然の秘密で、その昔から沖縄防衛局による選挙介入は恒例行事と化していた。眞部に対する厳しい処分は「パンドラの箱」を開け、組織の自己否定につながりかねなかったのだ。

普天間移設先となる海上ヘリ基地建設の是非をめぐり反対、賛成で二分され、反対派が勝利した一九九七年の名護市民投票。このときは、沖縄防衛局の前身である旧那覇防衛施設局の職員ら二百人が動員され、基地建設に理解を求める戸別訪問で反発を受けた。移設と引き換えの振興策が書かれたパンフレットを配布し、当時の嶋口《しまぐち》武彦那覇防衛施設局長は、賛成票を投じるよう訴える比嘉《ひが》鉄也市長とともに地区ごとの集会に出席している。

これは民主主義の原点である住民投票に、政治的な中立性を求められる国家公務員が露骨に介入した顕著な例だ。基地の受け入れに賛成する見返りとして多額の補助金や交付金を湯水のごとく投入し、それでも情勢が好転しないとみるやなりふり構わない行動をとる。沖縄防衛局は、原子力発電所立地に向け札束攻勢、連日の接待を繰り広げた電力業界と相似形である。

別名「土民軍」——基地行政のプロ集団

沖縄防衛局は前身の那覇防衛施設局の時代から、どのような変遷《へんせん》をたどってきたのだろうか。もともと地方の防衛施設局は在日米軍の基地対策を担当する防衛施設庁の出先機関だった。二〇〇六年一月の防衛施設庁談合事件を受け、防衛庁（当時）は在日米軍の基地対策を担当する防衛施設庁を解体し、防衛庁への統合を決めた。

この防衛施設庁の歴史は防衛庁・自衛隊より古い。防衛庁・自衛隊はその前身をさかのぼっても警察予備隊発足の一九五〇年だが、防衛施設庁は進駐軍が必要とする施設・物資・役務の調達等を任務として四七年に発足した特別調達庁を淵源《えんげん》とする。

防衛施設庁の解体に伴い、その出先だった防衛施設局は二〇〇七年に衣替えする。防衛省全体の地方支部局として位置付けられ、防衛大臣の下に直接置かれた。現在は北海道、東北、北関東、南関東、近畿中部、中国四国、九州、沖縄の八カ所に地方防衛局がある。

施設庁解体までは「土民軍」との隠語で呼ばれた基地行政のプロ集団が施設庁本庁と地方防衛施設局の間を異動し、その道何十年というツワモノが多く存在した。宴席の場も含めて、地方公共団体や漁業組合などを時間をかけて籠絡《ろうらく》しながら基地行政を進める。地を這《は》うような活動や土着ぶりが「土民軍」との隠語に込められている。

ただ、その「土民軍」の一人は「施設庁解体に伴い、基地行政以外の任務もこなせる職員も多く混在するようになり、基地対策の体制が弱体化している」と打ち明ける。それだけ内局キャリアの局長の言動が目立つのかもしれない。それまで防衛施設局の活動を支えてきたのが、報償費と呼ばれる自由自在に使えるカネだが、これを防衛庁ぐるみで架空の領収書により裏金化していた問題が表面化して以来、かつてほど潤沢に使えないとの嘆きも漏れる。

地方防衛局の主な任務は、在日米軍再編や防衛施設の整備で、自治体からの協力取り付けに加え、①防衛施設の取得や管理、建設工事で生じる損失補償や基地周辺対策②在日米軍基地で働く従業員の雇用と労務管理③在日米軍人らによる事件や事故の損害賠償④自衛隊装備品の原価監査や検査。要するに、基地受け入れや維持を目的とした懐柔とそのためのカネや仕事、雇用の分配が業務の核心なのである。当然のことながら米軍や自衛隊を抱える地域ほど業務は増大していく。

沖縄防衛局の職員数は約四百五十人と地方防衛局の中でも最大規模を誇る。職員の出身地は本土が約三割、地元沖縄が約七割。ただ課長以上の管理職をみると、地元沖縄出身者の割合は約五割に減り、部長以上の幹部で沖縄出身者は一～二人にすぎない。沖縄では条件の良い就職先がなかなか見つからない現実から人気のある就職先の一つで、職員には地元有力者や名士の家系に連なる者も少なくない。

一方、地縁と血縁の強さから、基地反対派と関係のある職員も含まれていると言われ、前述の眞部による講話問題も内部から共産党に流れたと指摘された。沖縄防衛局勤務経験のある防衛省ＯＢは「地元採用の者に核心の情報を伝えず、いかに事を進めるかが腐心のしどころだ」と間合いの難しさを振り返る。

地元対策費は「制限なし」

前身の那覇防衛施設局が本格的に稼働《かどう》し始めた時期は、普天間移設問題と連動している。一九九五年の沖縄の米兵による女子小学生暴行事件に端を発した基地返還要求を受け、日米両政府は「沖縄における施設及び区域に関する特別行動委員会（ＳＡＣＯ）」を設置し、翌年に普天間返還と沖縄県内移設で合意した。年末に合意したＳＡ

CO最終報告には沖縄県内の米軍専用施設・区域の約二一%に当たる五千ヘクタール余りの返還も明記されたが、普天間移設など枢要《すうよう》な部分は実現していない。

このSACO関連予算は、各省庁の予算上限枠を定める「概算要求基準（シーリング）」の対象外で、SACO経費という名目さえつけば実際の移転経費でなくとも地元対策などで制限なく支出できる。その額は毎年度百億円単位に達する。これに合わせるように、九六年七月から局長を務めた嶋口を筆頭に、防衛庁内局のキャリア官僚が那覇局を実質的にコントロールするようになり、札束を武器にした謀略が展開されていく。

嶋口は要《かなめ》の施設企画課長ポストにも内局キャリアを据え、その初代こそ、問題発言で更迭された若き日の田中聡だった。嶋口の後は北原巌男《いわお》で、地元に溶け込むことだけに専心した。酒宴に加え、休日は沖縄三味線の三線《さんしん》を習う。だが地元と仲が良ければ仕事が進むかといえばそんなことはない。馴《な》れ合いで地元のわがままがまかり通り、かえって業務が停滞したと評されている。

北原の後任だった山崎信之郎《しんしろう》は沖縄に対して極めて冷淡で知られた。休日はゴルフ三昧《ざんまい》の日々で、こちらも仕事が順調に進んだわけではない。この後、岡崎匠《たくみ》、西正典《まさのり》と続いた後、防衛施設庁の生え抜きでノンキャリの佐藤勉が局長に就く。

西は米軍再編をめぐり、後に収賄《しゅうわい》事件で逮捕された守屋武昌《たけまさ》防衛事務次官と衝突して更迭された。西の後釜《あとがま》に座った佐藤は、守屋の腹心として知られ、守屋の分身として沖縄の基地行政を取り仕切る。連日のように那覇市の高級クラブで業者の接待を受けたばかりか、ホステスにタクシー・チケットをばらまき、彼女らは局長室にフリーパスだったとの証言もある。基地建設の反対派が面会を求めた時は「物置きのような所にしか通さなかった」にもかかわらず、である。守屋の収賄事件絡《がら》みで、東京地検特捜部の事情聴取を幾度も受けたことが二人の距離感を物語る。

親分の守屋は普天間移設先である名護市辺野古の工法を沖合埋め立て案から沿岸部でのV字型滑走路案へ変更させた中心人物で、在日米軍再編計画を取り仕切った。現役時代には早朝の第一便で極秘裏に沖縄へ飛び、関係市町村の首長を那覇空港に集めて予算を差配、その足で東京へとんぼ返りして執務に当たっていたことは関係者だけが知っている。

その守屋は佐藤を使い、普天間移設に伴う巨額の土木・建設予算の利権に沖縄の一部業者を参入させる工作に携わったとの疑惑が今も消えない。守屋退任とともに佐藤も退いたが、後任は守屋の息がかかった内局キャリアの鎌田昭良《あきら》（初代沖縄防衛局長）に代わる。その後、石破茂防衛相（当時）による「守屋色一掃人事」で眞部に交代。

後任に田中が就いたが更迭され、眞部が再登板したわけだ。

沖縄防衛局長人事はSACO合意後、防衛省の直轄《ちょっかつ》となり、政治の意向にも左右されてきた。それは沖縄に付いて回る防衛利権の「うま味」の裏返しにほかならない。

「オスプレイ騒動」も絶好のチャンス

この沖縄防衛局が抱える最大の課題は、ほかでもない普天間移設問題である。二〇一二年末には県知事の意見を踏まえ、防衛省による辺野古の環境影響評価書の補正が終了する見込みだ（一二年十二月十八日、沖縄防衛局が県に提出）。いよいよプロセスは政府から県知事への埋め立て申請という最終段階に突入する準備が整った。県知事がOKを出せば辺野古移設は具体的に進展するが、拒否されれば移設計画は完全に頓挫《とんざ》してしまう状況だった。鳩山内閣で迷走し、一〇年一月に地元の名護市長が移設反対派に代わり、もともと辺野古移設に賛成していた仲井眞弘多《なかいまひろかず》県知事もこの時点では事実上「反対」に転じており、埋め立て申請を許可する見通しは全く立っていなかった。

これまで米軍基地に対する沖縄の県民世論は賛成派一割、反対派一割、中間派八割で、この中間派の動向が基地問題の帰趨《きすう》を決めるとされてきた。民主党政権時、鳩山由紀夫首相の迷走で、現在はこの中間派の大部分が反対派にまわってしまい、基地行政に大逆風が吹く。オスプレイ普天間配備問題で、この風はさらに強まっていた。

沖縄防衛局が抱える難題は変わらないどころか、逆に増えているが、それゆえに権限や利権も拡大するという皮肉な構造。裏返せば、基地がなくなれば「飯の食い上げ」になるわけだ。一二年二月には、辺野古のアセスメントに談合疑惑が浮上した。防衛省は〇六年十一月から一二年一月までに九社三十四件の環境アセス業務を発注してきた。受注業者のうち五社は防衛省の天下り先で、出来レース以外の何物でもない。その受注額は全体の九三・五％に達する。落札率では三十四件中二十六件が九〇％以上で、いずれも事実上の随意契約。全体の発注額は総額八十六億一千四百万円にも上り、アセスとしては法外な額である。

沖縄防衛局は一一年、年の瀬の未明に阻止行動の間隙《かんげき》を縫って評価書を県庁に搬入したが、それが半ば「自作自演」の代物《しろもの》だったのである。アセスをめぐる談合疑惑は沖縄防衛局の内包する闇《やみ》の一端にすぎない。アセスの段階から利権をむさぼる現実を目《ま》の当たりにすれば、これから利権がさらに渦巻くのは容易に想像がつく。

日本政府は沖縄の米軍再編で「同盟強化」と「負担軽減」を念仏のように繰り返してきたが、このキーワードの行間には、沖縄防衛局を最前線に権益死守を目指す防衛省の思惑が透ける。米軍基地、そして自衛隊基地が存在する限り、沖縄防衛局の予算も仕事もなくなることはないからだ。

基地問題は、沖縄防衛局にとって権限と予算、そして利権を拡大するための源泉であり、これに群がる沖縄県の建設業者らにとっては打ち出の小槌《こづち》にほかならない。普天間のゴタゴタもオスプレイ騒動も、沖縄防衛局にしてみれば、表向きは頭の痛い話に映るが、その内実は「焼け太り」の絶好のチャンスなのである。

※

放言でいったんは窓際《まどぎわ》へ飛ばされた田中聡は、二〇一五年十月には防衛装備庁の創設に伴って、同庁プロジェクト管理部長を兼務するまでに復権を果たした。みそぎが済んだという防衛省首脳の判断ばかりではない。田中の放言が防衛省としての本音の代弁であり、「言ってはいけない発言だったが、その真意は間違っていない」（防衛省OB）という理解と同情の賜物《たまもの》にほかならなかった。

普天間移設を進める選挙介入と批判された眞部に至っては、防衛省を取り仕切るほどに出世を遂げている。部隊配備と施設整備の計画を併せて立案する目的で新設された整備計画局のトップ、その後防衛審議官に昇進して、いまや黒江哲郎事務次官の後継をうかがう有力候補に位置づけられるまでにのし上がったのである。

田中にせよ、眞部にせよ、その後に主流の道を歩んでいることが物語るように、沖縄県民の反対論に対する心底の配慮など皆無、いやむしろ「札束次第」と腹の中で舌を出しているのは防衛省というこの巨大組織そのものなのだ。

普天間移設問題はその後、仲井眞弘多前知事が一三年十二月、それまでの反対の立場を一転させて名護市辺野古への移設を容認、一気呵成《かせい》に動き出すかに見えたが、翌年十一月には移設反対を主張する翁長《おなが》雄志氏が仲井眞氏を大差で破って当選を果たした。

それでも安倍政権は、沖縄防衛局経由の札束（予算）の甘い汁を餌《えさ》にして仲井眞からかすめ取った埋め立て許可の証文を盾にして、埋め立て工事の準備を着々と進めている。国と沖縄県の対立は訴訟合戦にまで発展したものの、安倍政権は一六年夏の参院選を控えて、話し合いを求めた司法の和解案を受け入れた。

しかし、これは国と沖縄県が演じる猿芝居にすぎない。実は、沖縄防衛局にとってはさほど重要な節目ではないのだ。工事が停滞すれば、それでも良し。地元の懐柔に使う札束は普天間移設問題が存在する限り、半永久的にばらまくことができるからだ。

いずれ工事が本格化すれば、その額は天文学的に膨れあがるだろう。土建集団は地元懐柔策で沖縄防衛局から降ってくる札束で懐《ふところ》を肥やしながら、移設の本格工事で大樹から甘い蜜《みつ》が流れ出てくる日を虎視《こし》眈々《たんたん》と待っているのだ。それまで行きつ戻りつしても、痛くもかゆくもない。

沖縄防衛局にとっても、土建集団にとっても、安倍晋三首相が口を開けば唱える「普天間の危険性除去」などどうでもいい話なのだ。大切なのは札束を武器にして、沖縄防衛局という組織の存在価値を誇示すること。そして、役人が土建集団を差配し、見返りに天下りの椅子《いす》を用意してもらうなどキックバックを確約されることだけである。

普天間移設問題の舞台回し役である沖縄防衛局。その性根と悪巧みは、時を経ても変わることはない。

防衛省情報本部

中朝と対峙《たいじ》する「闇《やみ》の中の組織」

東京都新宿区市谷本村町の高台に林立する防衛省庁舎は、日本古来の建築「伽藍《がらん》様式」で、A～E棟まで五つのビルが林立する。この中で入り口から厳重にロックされ、特別の磁気IDカード所持者だけが入館できる建物がC棟、防衛省情報本部である。北朝鮮の弾道ミサイル発射や核実験、そして尖閣《せんかく》諸島をめぐる中国の動向など防衛に関する情報を集約し分析する任務という以外、実態はほとんど知られていない。闇に包まれる組織と諜報《ちょうほう》活動の内実を追った。

背後で米軍が仕切ってきた

まず、防衛省情報本部の概要を紹介したい。

要員は約二千三百人で、日本最大の情報組織である。内訳は自衛官が八割、事務官は二割。一九九七年の発足当初は一千五百人強で、毎年人員を増やしている。定員削減が主流の行政機関にあって極めて異例だ。英語名はDefense Intelligence Headquarters（ＤＩＨ）。名称から分かるとおり、単なる情報収集ではなく、これを分析し戦略を練る諜報機関と言った方が正確である。その役割を端的に言えば、電波・画像に加え、防衛省の別の機関や外務省など他省庁からの情報を収集して分析、軍事や外交の戦略に役立てることにある。

情報本部が設置されたのは九七年一月、橋本龍太郎首相当時のことだった。それまで日本の防衛に関する情報の収集と分析は旧防衛庁防衛局の調査第一課と同第二課、陸海空各幕僚監部の調査部、統合幕僚会議事務局第二幕僚室が個別に担《にな》っていた。これでは非効率であるとして、全《すべ》ての関係部署を統合する形で発足したと一般的には説明されている。

断片的には正しいが、これだけでは「行政改革」の域を出ない。

実際には、国際情勢の変化も大きな影響を及ぼしたのである。米国と旧ソ連が対峙して世界を二分した冷戦当時は、日本を含む東アジア、そして世界全体が米ソ間の戦略核抑止で「安定」した状態を保ってきた。国際的な軍事情報の収集と分析も、この二超大国に収斂《しゅうれん》され、日本は主として対ソ連の電波情報収集で米軍の補完的な役割を果たしてきた。

他方、日本で最も重視された諜報活動は国内の治安対策だった。具体的には日本赤軍など極左組織や日本共産党が主な対象であり、密《ひそ》かに通信傍受を行ってきた。この時に、日本の諜報を担ってきたのが警察庁である。ところが八九年十二月、冷戦終結が宣言されて以降、国際軍事情勢は逆に流動化する。ポスト冷戦の流れに取り残された北朝鮮の動きが不穏になり、中国も軍事的に台頭してきた。連動して、日本での諜報活動も軍事の比重が増して、対ソ一辺倒からの変容を迫られたことが情報本部誕生の追い風となった。

この潮流を先読みする形で、防衛庁では米国防情報局（DIA）と同様の軍事情報組織として、日本版DIA設立に向けた動きが八〇年代半ばから浮上した。当時の内局トップ、西広整輝事務次官と制服組の頂点に立つ石井政雄統合幕僚会議議長が主導して、日本版DIAこと「情報本部」創設を目指したのである。

そこに立ちはだかったのが警察庁の壁だった。実は、先述した米軍の補完的な電波情報収集は陸上自衛隊の一室を隠れ蓑《みの》として、警察庁が主導権を握っていたからだ。

陸上自衛隊幕僚監部調査部調査第二課調査別室、通称「調別」。電波傍受を専門と

する公然の秘密組織で、北海道の稚内《わっかない》から鹿児島県の喜界島まで九カ所を拠点にソ連、中国、北朝鮮の電波情報を収集していたのである。

調別の室長はずっと警察官僚が務め、経費は内閣情報調査室（内調）の予算に組み込まれていた。「収集した情報は防衛庁幹部をスキップして内閣情報調査室や警察庁に報告されるケースが大半だった」と当時の関係者は証言する。つまり、警察庁が旧米軍や自衛隊の通信施設を利用し、要員が自衛官というだけで、実際は警察庁の別動隊だったわけだ。

この調別が世間に知られることになったきっかけは八三年九月に大韓航空のボーイング７４７がソ連領空を誤って侵犯し、ソ連防空軍の戦闘機に撃墜され乗員乗客合わせて二百六十九人全員が死亡した事件だった。調別の東千歳通信所稚内分遣隊がソ連の戦闘機が地上と交信している音声を傍受し「ミサイル発射」の指示を確認した。録音テープの内容は日本政府への報告に先立ち、稚内分遣隊から米軍三沢基地を経て米政府へ自動的に連絡され、シュルツ国務長官が一部を公表してしまったのである。稚内分遣隊はもともと米軍の施設であり、ここには国家安全保障局（ＮＳＡ）所属の米国人が常駐していたことも後に明らかになる。警察支配の電波情報は、その背後で米軍に仕切られていたのだ。

冷戦後に「特別の機関」と認知

この調別が衣替えした組織こそ、情報本部の電波部であり、その部長は一貫して警察官僚の指定席になっている。そして、電波部の情報は今も内調トップの情報官に逐一報告されている。

情報本部創設の動きが表面化すると、それまで裏で電波情報を牛耳ってきた警察庁は、防衛庁に情報本部ができれば、警察庁の優位性が脅《おびや》かされかねないと警戒した。さらに背景には、軍部に日本の政治・行政機構が壟断《ろうだん》された重い教訓があり、防衛庁・自衛隊の独走は許さないとの認識で警察官僚は共通していた。

この先頭に立って抵抗したのが旧内務省出身の警察官僚OBで中曽根内閣の官房長官だった後藤田正晴である。しかし冷戦から歳月が流れ、日本を取り巻く軍事情勢の激変に抗しきれず、最終的には情報を全て内閣に報告することや制服組と内閣職員を含むシビリアンの混成組織とすることを条件として、情報本部の創設を受け入れたのである。

発足以来、情報本部長は陸将、海将、空将のいずれかの自衛官が歴任。副本部長は、防衛省大臣官房審議官を本務とする官僚が務めてきた。初代本部長は陸将の國見昌宏、そして副本部長が後に「防衛省の天皇」と呼ばれ、権勢を誇った果てに収賄《しゅうわい》事件で実刑判決を受けた元事務次官の守屋武昌だった。その守屋は情報本部の存在価値をアピールしようと暗闘する。

「極東の旧ソ連軍は年を追って減少しています。もはや今のロシアにとってオホーツク海はかつてのような『聖域』ではありません。北方領土返還交渉を進めるチャンスです」

守屋がたびたび向かい合った相手は時の首相、橋本だった。旧ソ連はオホーツク海を敵対兵力排除の聖域とするため、核ミサイル潜水艦を配備し、米国と同等の核抑止力を維持してきた。北方四島の返還は聖域の城壁である千島列島に穴を開けることを意味するため、安全保障の観点からも返還は絶望的だった。それが冷戦後に変化してきたことを守屋は電波や画像情報、その分析を携えて橋本に継続的に報告していたのだ。橋本も自衛官を積極的に首相官邸に呼んで懇談するなど軍事好きで、当時の政府関係者は「守屋からの情報をとても重宝がった」と振り返る。

情報本部は次第に政治の世界でも認知され、守屋が事務次官当時の二〇〇六年三月、陸海空各自衛隊の統合運用に伴い、統合幕僚会議下の組織から長官直轄《ちょっかつ》組織へ改編。

防衛庁の「特別の機関」と位置付けられた。

米政府も高く評価する「耳」

情報本部の中核は電波部と前線基地の通信所で、全体の七割以上を占める。現在は、東千歳通信所（北海道千歳市・東千歳駐屯地内）、稚内分遣班、根室分遣班▽小舟渡《こふなと》通信所（新潟県新発田《しばた》市・新発田駐屯地内）▽大井通信所（埼玉県ふじみ野市）▽美保通信所（鳥取県境港《さかいみなと》市）▽大刀洗《たちあらい》通信所（福岡県筑前町）▽喜界島通信所（鹿児島県喜界町）があり、そこで傍受した電波情報（シギント）を電波部で集約、分析に当たっている。

北朝鮮の弾道ミサイル発射の動きが出てきた場合、発射基地周辺での交信が活発化し、ミサイルが出すテレメトリーと呼ばれる電波信号も捕捉《ほそく》できる。尖閣諸島周辺など日本近海での動向がかまびすしい中国軍の交信も傍受しており、暗号解読のためのデータも膨大に集積している。通信所の要員は陸上自衛隊小平学校で養成し、部内で言うところの「露華鮮」、ロシア、中国、朝鮮の言葉や暗号解読を習得してから現場へ配属され、三交代で電波情報に耳を澄ませている。

電波部を含め、情報本部の課以下の組織図は公表されず、所属する人名も明かされていない。二十五前後の課が存在すると言われるが、その内容はつまびらかにされていない。

情報本部は独自に人材を採用しているものの、普通の募集パンフレットと異なり、所属する職員の名前や顔が分かる写真は一切載せていない。

二〇〇八年三月、陸上自衛隊警務隊は南シナ海で起きた中国潜水艦の事故情報に関する「防衛秘密」を新聞記者に漏らしたとして、自衛隊法違反（防衛秘密漏洩《ろうえい》）の疑いで、防衛省情報本部電波部電波第五課長だった一等空佐の名前と年齢、所属を公表し、東京地検に書類送検した。こうした事件にでも発展しない限り、決して具体的な情報が表沙汰《おもてざた》になることはない。

その情報収集能力は同盟国の米国からも高く評価され、重要情報のキャッチで米政府から表彰される要員もいる。

米政府にとって情報本部電波部を含む自衛隊の「耳」は、中国や北朝鮮はじめ東アジアの軍事情勢を継続的に把握する上で欠かせないツールなのだ。

他方、米軍は軍事偵察衛星の画像で日本を上回る精度を有しており、原則として日本や韓国に提供している。情報本部には画像・地理部があり、米国などの商業用衛星の画像を利用しているほか、日本の独自衛星が撮影した内閣衛星情報センターからの情報も入手しているが、解像度は米軍の偵察衛星に及ばない。首相官邸筋によると、北朝鮮が一二年十二月に長距離弾道ミサイルを発射する前日、日本の衛星画像からは発射台にミサイルが設置されていないと分析されたが、米軍の軍事偵察衛星に基づく分析で「ミサイルは覆《おお》いの中に設置されている公算が大きい」との見方が伝えられ、この情報の正確さが結果的に証明されている。

警察庁支配からいかに脱するか

情報本部は形式的に防衛相の直轄組織であり、一義的には防衛相の差配を受けているが、いまだに警察庁にコントロールされる色彩が濃い。日本の「情報コミュニティー」のトップに君臨するのは、表向きは首相だが実際にこのコミュニティーを取り仕切っているのは内閣情報調査室のトップを兼任する内閣情報官である。このポストは一貫して警察官僚の指定席。その下に警察庁、外務省、防衛省、公安調査庁が連なる。内調と警察が事実上一体化しているのは言うまでもない。

形式的には事務担当の内閣官房副長官の下、これらの省庁の局長級が首相官邸で隔週の「合同情報会議」を開き、情報交換を図っているが、実質的に会議を主導するのは内閣情報官である。これに経済産業省、財務省、海上保安庁、金融庁を加えた拡大情報コミュニティーによる「内閣情報会議」も設置され、年二回ほど開かれている。会議の主宰者は形式的には官房長官だが、これも統括するのは内閣情報官である。

情報本部長から首相、官房長官に対する情勢報告は月一回のペース。その内容は北朝鮮のミサイル・核実験や中国軍の動向が大半を占める。この報告に要する時間も実は、内閣情報官の持ち分から「お裾分《すそわ》け」され、内閣情報官が同席するケースが大半なのだ。内閣情報官ポストを警察庁が手放さない現状に対し、外務官僚は「警察官僚は前さばきが巧みで、現場感覚は鋭い。その一方で国際感覚、中長期的な視点が弱い面は否《いな》めない」と指摘。防衛省幹部は「遠く、そして広く国際情勢を見るセンスが大事だ」として、いずれも独占状態を批判する。

この内閣情報官は、内閣衛星情報センターも所管している。米軍事衛星には劣るものの、一定の情報収集能力を有している。この内閣衛星情報センターのトップは歴代にわたり、将官の情報本部長がいったん自衛隊を退職して「天下り」している事実はあまり知られていない。「天下りでトップを受け入れることで、警察は情報本部の首根っこを押さえようとしている」（自衛隊関係者）と指摘する声は防衛省で少なくない。「名を捨てて実を取る」ような思惑が透けて見える。

情報本部のシンボルマークは地球の上に雉子《きじ》をあしらっている。雉子は国鳥で、童話『桃太郎』に登場する。高速で飛行して情報収集するその姿に、世界の情勢の変化を追う自分たちの任務を重ね合わせた。「一体感と団結心を養う目的」と防衛省は説明するが、その目的に内実は程遠いのではないか。相手に手の内を明かしては、諜報は成り立たないとして、その実態が表に出ることもなければ、活動が厳しい検証にさらされることもない。闇に包まれる諜報活動から垣間見《かいまみ》えるのは、警察庁が背後で牛耳り、これに防衛省や外務省が対抗するという縄張り争いだけである。

※

二〇一三年十二月、安倍政権は外交・安全保障の司令塔として、米国をモデルに日本版国家安全保障会議（ＮＳＣ）を立ち上げたものの、この基盤を支える情報機能は一元化されることはなかった。情報本部が防衛相の直轄組織という衣をまといながら、背後の中核は警察庁が牛耳っている基本的な構図は変わっていない。

ＮＳＣは首相を議長に官房長官、外相、防衛相による四大臣会合が柱で、一六年前半に相次いだ北朝鮮による弾道ミサイル発射の際も適宜開かれた。だが、その根幹である発射前の電波交信や米国と日本独自の偵察衛星の画像など事前兆候や発射情報を独占していたのは、ほかならぬ防衛省情報本部である。NSCとて情報本部を抜きにして存立し得ない組織なのだ。

このNSCを実質的に取り仕切るのが官僚集団の国家安全保障局で、外務省、防衛省、警察庁の官僚らで構成する。国家安全保障局の創設へ向けた関係省庁の攻防では外務省が主導権を握り、警察庁の出城である内閣情報調査室や内閣情報官を組み入れようとしたものの、警察庁は強く反発した。その結果、国家安全保障局の役割は「情報コミュニティーに適切な形で情報を発注する」と取り決められた。要するに、内閣情報調査室や内閣情報官はNSCの枠外で存続して警察庁は縄張りを死守したわけだ。

それればかりか、警察庁はNSC新設と並行して、特定秘密保護法の成立を主導することで権益の堅持にも成功した。日本の周辺を飛び交う電波情報や暗号の解読、潜水艦の音紋……。防衛省情報本部は、この特定秘密の固まりだ。特定秘密保護法を運用するのは警察庁だ。情報漏洩監視というカードを持つことにより、警察庁は優位に立つ。日本の防衛という大義名分の下で、警察庁は情報本部という名の「別働隊」組織を強固にすると同時に、特定秘密保護法という切り札を手中に収めたのである。

国家安全保障局の初代局長に就いたのは元外務事務次官の谷内正太郎氏。情報コミユニティーを取り仕切るのは内閣情報調査室のトップを兼任する警察庁出身の北村滋内閣情報官。この下に警察庁、外務省、防衛省、公安調査庁が連なり、局長級が定期的に「合同情報会議」を首相官邸で開く。この習わしは、NSCと国家安全保障局の創設後も変わっていないのだ。

国家安全保障局の創設に際して権益を守った警察庁は、その後、宿願の日本版中央情報局（CIA）の創設に向けて逆襲に打って出た。一五年十二月、過激派組織「イスラム国」（IS）による日本人殺害やパリでの同時多発テロを受けて、政府が立ち上げた「国際テロ情報収集ユニット」がそれである。

外務省総合外交政策局の中に設置されたものの、ヘッドは警察官僚。外形的には外務省に属するが、中身は警察庁が取り仕切る組織で、縦割り行政の妥協の産物だった内実が読み取れる。外務省は「外交の一元化」を盾に、警察庁の覇権拡大に警戒感を隠さない。実際、警察庁は防衛省情報本部の二番煎《せん》じで、国際テロ情報収集ユニットを日本版CIAに肥大化させようと目論《もくろ》む。その策動は「国益」の金看板の裏で焼け太りを画策する役人の習性を図らずも投影しているのだ。

第三部

欲望に勝るものはない

私大と新聞の「異様な関係」

無能学生濫造《らんぞう》を促進

十九～二十歳人口は、一九九三年にピークを迎えて以降、右肩下がり。大学進学志望者数と大学定員が一致して「全入時代」を迎えたのが二〇〇七年頃だ。

しかしその一方で、毎年のように大学が新設されている。「定員割れ」など、私学を取り巻く環境の悪化が伝えられるにもかかわらず、なぜ大学は増え続けるのか。

「行政の無駄にうるさいマスコミは、なぜか乱立する大学には寛容。むしろそれを後押ししてくれる」

退官して、ある私立大学に職員として天下った文部科学省OBの一人はこう語る。

私立大学増加の背景には、予算とともに大学という「植民地」を獲得したい文科省の意思と同時に、それを助長してきた新聞に代表されるマスコミの思惑も多分に反映されている。私立大学と新聞の「もたれあい」が、結果的に無能な学生を濫造しているのだ。

三千億円の私学助成と新聞広告

二〇一二年秋、大学を所管する文科省のトップが大学過剰に一石を投じた。田中眞紀子文科相（当時）が、一三年四月に開校予定だった新規大学三校について「認可を取り消す」と発言して騒動となった。その間メディアでは、憤《いきどお》る大学側や、志望校の変更を余儀なくされる受験予定者の悲痛な声が垂れ流された。

「民主党政権下、しかも過去に問題発言も多い田中眞紀子とあって、バッシングするのは簡単だった」

全国紙政治部記者は語る。

「大学を擁護する路線はすぐに敷かれた。田中発言が異様に叩《たた》かれたことは文科省にとって好都合だった」

前出の文科省ＯＢもこう語った。

厳密には新聞は紙面で議論した。各紙は大学過剰時代について特集記事を組んだ。ただし、十八歳人口の減少や大学定員数の増加について取り上げているものの、どれも歯切れが悪い。

「無駄な大学が増えているのは小学生でもわかる論理。しかしここに欧米と比較して低い大学進学率を織り交ぜることによって、『本当に大学は多いのだろうか』という曖昧《あいまい》な結論に導いていた」

文教行政の取材を長年続けてきた全国紙編集委員はこう語った。

なぜ新聞は、「私大を潰《つぶ》せ」とすっぱり言えないのか。

「自らの『天下り』と広告のため。メディアと私大は持ちつ持たれつの関係を長年続けてきた」(同前)

高校三年生を中心とした受験生が第一志望をはじめとする受験校を決定し始める秋以降、新聞各紙には大学の広告が増え始める。

一三年のセンター試験前後に朝日、毎日、読売の三紙に私立大学が出稿した広告も多かった。全面広告から全五段広告を複数の大学で分け合ったものなど、サイズはさまざまだが、解答が掲載された二日間の三紙の広告を仮に全国版として定価で計算するとざっと数億円になる。秋以降の企画広告なども入れれば、毎年確実に望める私立大学の広告は新聞社にとってありがたい存在だ。

忘れてならないのは、私立大学には助成金として税金が流れ込んでいる点だ。判明している一一年度の私立大学等経常費補助金は、三千四百億円近くに上る。助成額は大学の規模や定員充足率、教員数、財政状況に応じて算出され、トップの日本大学や二位の早稲田大学には百億円もの血税が流れ込んでいる。

この助成金は「経常費」と付いていることからもわかる通り、研究費とは別に、職員給与など大学運営費用に充《あ》てることができる。

たとえば、朝日新聞のセンター試験解答掲載日に全面広告を打った東京理科大学には三十三億円近くの税金が入っている。朝日、毎日に全七段で掲載した東京福祉大学という入試偏差値が四十台前半の学校も約二億円の助成金を受け取っている。

広告局が企画して、見開きなどで複数の大学が羅列される広告もあるが、誰もが知る有名校がある一方で、聞いたこともない私大も並んでいる。

名前を売らなくてはならない新興大学は新聞社にとって「お客」となり得る。

大学教員への「天下り」

広告と同等かそれ以上に重要なのが「天下り」だ。中央官庁の役人が、影響力のある特殊法人の役員に就く天下りとは厳密な意味では異なる。しかし元○○新聞記者という肩書の大学教授が全国のキャンパスに大量に送り込まれるという「既得利権」（前出文科省OB）の構図は官僚と大差ない。

「読売大学人会」という聞きなれない団体がある。私的な集まりだが、事務局は読売新聞社の調査研究本部内に置かれている。

「読売新聞出身で、大学で教鞭《きょうべん》をとるOBの集まり。年に一回親睦会《しんぼくかい》などを開いている」

読売OBの一人が語る。朝日や毎日と比較して読売出身の大学教員は少ない。これについて渡邉恒雄読売新聞グループ本社会長（当時）が憤り、もっと増やせと号令をかけた際に作られた会だという。開かれる会合には渡邉氏本人が必ずと言っていいほど参加する。

二〇一二年度の同会名簿を見ると、現役の教授など大学に籍を置いている六十四人と、その職を退いた四十人余りの名前が並ぶ。政治部や国際部など、出身部署や所属している大学は多岐にわたる。誰でも聞いたことのある有名私大がある一方で、弱小私大もある。前出の読売OBは「義務化された集まりではないので、これ以外にもOB大学教員はいるだろう」と語った。

毎日や朝日にも同様の集まりは存在し、「三紙だけで二百人以上のOBが大学に籍を置いている」（前出全国紙編集委員）。

手元に「マスコミOB大学教員名簿」なる資料がある。数年前にある新聞記者が作成したもので、新聞を中心としたマスコミOBの名前が並んでいる。しかしこれは、大学がホームページなどで公表しているものを中心としており、その数は百二十人程度に限られている。興味深いのは全国紙OBに交ざって、地方紙のOBも地元私立大学に「天下り」している点だ。前出の編集委員は「最も学生数の多い社会系学部には、多くの新聞OBが天下っている。日本経済新聞や通信社、地方紙出身者も入れれば、新聞業界出身者の数は五百人を優に超える」と指摘した。人員過剰となった新聞社が、早期退職という名のリストラを行っていることは周知の通り。一般に給与水準が高いといわれる新聞社だが、私大教授というポストはそれに見合うのか。全国紙OBで関西の私大で教授を務める人物はこう話した。

「五十代で朝日や読売を辞めれば当然給与はダウンするが、新聞社と異なり私立大学の定年は長く、六十五歳を超えるケースも珍しくない。給与水準の低い社の記者なら、年一千万円をもらえる教授ポストは願ったり叶《かな》ったりだ」

肩身の狭くなった新聞社よりも待遇面で劣るものではないという。さらに、著述や寄稿などのメディア活動を行うためにも「教授」という肩書は極めてありがたい。

曖昧な「教授」採用基準

こうした記者出身教員はどのようにそのポストを手に入れたのか。一部の「スター記者」と呼ばれる人間であれば、有名無名さまざまな大学が三顧の礼で迎える。一般記者の場合は、外信部や政治部などが特定の大学にコネがあるケースがある。また記者クラブによる横の繋《つな》がりも再就職活動に便利だ。

前出読売OBは「出世コースから外れ、三流大学でもいいから潜り込もうという記者も少なくない」と打ち明ける。

ある大手紙元外信部記者は、閑職についた途端、仕事そっちのけで数多くの大学の求職に応募して教授のポストを得た。一言で「編集委員」といっても、玉石混交であることは新聞業界にいる人間であれば誰でも知っている。しかし、世間一般では有難い人材として捉《とら》えられる。教員をかき集めなくてはならない新設大学が「半ば誰でもいいからといって求人する」(同前)こともあるという。

ここで「大学教授には誰でもなれるのか」という素朴な疑問が湧《わ》く。大学における教員の資格については、法律ではなく文科省省令「大学設置基準」に定められている。

第十四条では、「教授となることのできる者は、次の各号のいずれかに該当（する）者」と規定され、筆頭に「博士の学位を有」することが掲げられている。

ただし、第六号では「専攻分野について、特に優れた知識及び経験を有すると認められる者」という文言があり、結果としてこれといった明確な資格はなくてもなれるようだ。

「かつては『博士規定』が厳格に運用され、博士号を持たない教授は少数派だった。しかし最近になって『修士教授』や『学士教授』までが増加している」

前出文科省OBはこう指摘する。当然のことながら、学究の道を歩んできた教員はほとんど博士号を持っている。しかし、外部から突然教授に任用される者の多くは学士や修士の学位しか持たない「元新聞記者教授」（同前）という。

新聞記者出身であっても、論文を書いて博士号を取るケースがあったし、いまでもそうした律儀《りちぎ》な人間も残っている。また、著書や署名原稿を「論文」に換算して学位を与えることもある。

こうした道があるにもかかわらず、大学が濫造される中で、「博士規定」は緩み続けているという。結局、採用を決定するのは当該大学・学部の教授会。その裁量権で目立った実績もない人間が教授になれるのだ。無名の新興大学ほどこの傾向が顕著になる。

中には新聞記者と大学を繋ぐブローカーのような人間もいる。ある広告代理店の人間が、新興大学の教授として新聞社出身者を送り込んでいるという。この人物は、表に見える範囲では「手数料」をとっているわけではないが、前述した通り私大と新聞社は広告を通じて繋がっている。代理店にとっても、自らの仕事に繋がるといえる。

新聞業界に流れ込む広告料は「全国紙だけなら数十億円レベルだが、二千万部を超える地方紙を入れれば二倍近くになる」（前出編集委員）とも言われる。

地方紙の場合、率先して地元への大学誘致に加担してきたといっても過言ではない。東北のある地方紙県政担当記者は語る。

「大学新設は単純に見ればハコモノを生む装置。私立大学でありながら自治体からの補助金も流れ込んでいる。地元財界の要望が強い」

財界や県政と密接な関係を作っている地方紙は、「地元に若者が残る」「文化レベルの向上」などの甘言を弄《ろう》して、大学誘致をバックアップする世論を捏造《ねつぞう》するのだ。

信じられないくらい低い学生の質

こうした大学でまともな教育が行われ、有能な学生を輩出しているのであれば救いはある。

「新設される大学のほとんどすべてが、この国の知的水準、学術レベルの向上の役に立っていない」

ある新聞記者OBの教授は自嘲《じちょう》気味にこう語る。新聞記者出身者が教鞭をとる分野は、国際関係論や政治学、言語学など多岐にわたるが、マスコミ論やジャーナリズム論は当然ながらその一角を占める。関東地方のローカルな新興文系私立大学でジャーナリズム論を教えた社会部記者OBの一人はある学期に休講を補うために補講を行った。準備に時間を割けなかったため、映画『大統領の陰謀』を上映してリポート提出を求めることにしたという。しかし、ウォーターゲート事件を題材としたこの作品が始まると居眠りをする学生が続出する。ここまでならどの大学、時代でもあるかもしれない。しかし、「レベル」が違う。このOBは一度上映を止めて、学生に「わからない点があるか」と質問した。それに対して、学生の一人はこう答えた。

「ホワイトハウスってなんですか」

仮にも十八歳を超えて、最高学府でジャーナリズムを学ぼうという人間の言葉とは思えない。新聞記者出身教授が「教え授ける」ジャーナリズム論の底が知れる。

そして、こうした大学教員の給料の一部もまた税金で賄《まかな》われていることを想起せねばならない。

文教族や文科省が結託して大学を新設することを監視するはずのメディアが、その利権構造に組み込まれている。今後も無駄な私立大学は作られ、多くの若者が貴重な四年間を浪費する。失われるのは税金だけではない。数十万人レベルの労働力と経済生産機会を逸失しているのだ。これを助長し、利益に与《あずか》るマスコミの罪は大きい。

農薬ムラ

有害「ネオニコ系」を野放し

「どう見ても奇妙な議事進行だった」。参加者の多くがいまも納得ができないとばかりの表情を浮かべ、強い不信感を隠さない。

全国各地の養蜂《ようほう》業者が会員となる「一般社団法人日本養蜂はちみつ協会（日蜂協）」の第七十二回通常総会が二〇一三年二月十五日、都内のホテルで開かれた。会場には日蜂協会長の大島理森《ただもり》・元農林水産大臣や江藤拓農水副大臣（当時）ら自民党国会議員をはじめ、畜産振興課や農薬対策室の農水官僚など、政官の有力者らが顔を揃《そろ》えた。

この日の総会は、近年養蜂業界に甚大《じんだい》な被害をもたらしているばかりか、昨今では人体への重篤《じゅうとく》な影響も懸念《けねん》され、社会問題化しつつあるネオニコ系農薬問題をめぐる議論やそれに伴う要望・陳情事項が重大な議題として事前に提起されていた。

しかし、いざ総会が始まると、司会役の農水省ＯＢ木村和生・常務理事（当時）は、要望を訴える質疑応答を一向に始めようとしない。そのうち、国会議員や官僚が退席し始め、ついに最後まで残っていた大島会長が立ち去った後、しばらくして、ようやく質疑応答が始まった。参加したある養蜂業者は「出席した国会議員や農水官僚に農薬被害の実態が伝わるのを防ごうとする意図が透けて見えた」と語る。本来なら日蜂協の事務局は、会員が直面する農薬被害の実態や因果関係に関する情報発信、規制強化を具体化する役割を担《にな》うべき存在だ。だが、この参加者は天下り役人に牛耳られた事務局を、国会議員や農水官僚と養蜂家の間に居座る〝防波堤役〟に例えた。

業者と農水省による利権構造

ネオニコチノイド系農薬。ニコチンと類似の化学構造を持つ神経毒性物質で、作物全体に移行する強い「浸透性」と長く効果が持続する「残効性」に特徴を持つ。その使い勝手の良さから、従来の有機リン系農薬に比べて、少ない散布量で多大な効果を得られる「夢の農薬」として、日本でも十年ほど前から害虫駆除用の農薬として全国の稲作農家を中心に普及してきた。

しかし近年、ミツバチ大量死との因果関係などが叫ばれ、欧州連合（ＥＵ）をはじめ、昨今の国際的な規制強化の流れは、「選択」でも報じてきたとおりだ。二〇一二年には、ミツバチ大量死とネオニコ系農薬との関連性を明らかにした三本の論文が科学誌「サイエンス」と「ネイチャー」に相次いで発表され、その包囲網は一層狭まっている。

ミツバチ大量死が研究対象や社会問題として注目されるのは、ひとえにミツバチが農業生産に欠かせない重要な存在であるためだ。全世界の農作物の九割を占める作物種（百種類）のうち、実に七割の受粉をミツバチが媒介しているという調査結果がある。まさに、食糧生産の「屋台骨」を支えていると言っても過言ではない。

ミツバチばかりか、近年では国内外で人体への深刻な健康被害の報告もある。一九九〇年代以降、自閉症や注意欠陥・多動性障害（ＡＤＨＤ）など、子どもたちの脳の発達障害が激増しているのは、ネオニコ系農薬など神経毒性を持つ殺虫剤が原因と疑う報告も出始めている。二〇一二年十二月五日には、文部科学省が発達障害の可能性のある公立の小中学生が全国で六十一万三千人いるという衝撃的な推定結果を発表している。全体の六・五％、約十五人に一人という割合だ。当然ながら、大人への影響も深刻だ。〇四年、群馬県で空中散布されたネオニコ系農薬が原因とみられる来院患者には四肢脱力感や頻脈、記憶障害など多くの自覚症状が現れ、中には「いつ突然死してもおかしくない」（診察した医師）心電図異常も確認されており、ネオニコ系農薬への懸念は高まるばかりだ。

一方、現在日本で登録されているネオニコ系農薬は、バイエルの「イミダクロプリド」（商品名アドマイヤー、メリット）、「チアクロプリド」（エコワン）、日本曹達《ソーダ》の「アセタミプリド」（モスピラン、マツグリーン、イールダーSG、アリベル）、三井化学の「ジノテフラン」（スタークル）、シンジェンタの「チアメトキサム」（アクタラ）、住友化学の「ニテンピラム」（ベストガード）、住友化学・バイエルの「クロチアニジン」（ダントツ）の計七種類に上る。

興味深いのは、一三年までの過去十年間で約三倍に増えたという国内出荷量（有効成分）の伸びで、現在年間使用量は約四百トンに達している。単位面積当たりの農薬使用量でいえば日本は世界で一、二位を争う。国際的な規制強化の流れとは、あまりに逆行する形だ。

そこには当然ながら、ネオニコ系農薬の「メリット」ばかりを強調する農薬メーカーによる強力な販売促進政策があるのは言うまでもないが、この急速な普及は、それだけでは説明がつかない。農家への農薬販売を最前線で担う全国農業協同組合連合会（JA全農）の存在と、それを側面支援する農水省の「暗躍」を抜きにしては、日本での異常な普及は語れない。「農薬メーカー」と販売者である「JA全農」、そして業界と密接な関係を持つ「農水省」による癒着の構造、いわば「農薬ムラ」とも称すべき利権構造の実態があるのだ。

「安心安全」謳《うた》うＪＡの悪質手口

国内シェアの約六割を占めるＪＡの農薬販売事業。二〇一三年の売上高は年間二千四百億円規模に上り、このうち農業用殺虫剤分野の主力製品の一つがネオニコ系農薬である。主要顧客の兼業稲作農家に対して、彼らがネオニコ系農薬を推奨する際の謳い文句は、「一等米率の向上」と「減農薬」である。

農水省が定める「農産物検査法に基づく米の規格基準」には、米の品質を表す等級を定める際の基準が明記されているが、そこには「斑点米《はんてんまい》（着色粒）」の検査項目がある。一千粒当たり二粒の斑点米が入るだけで「二等米」として格下げされ、一等米に対して六十キロ当たり一千円近い価格差が生じる。この斑点米を作る原因がカメムシであり、ＪＡではカメムシの農薬防除を農家に積極的に推奨している。「等級は落としたくない」という農家心理を巧みに利用し、農薬販売に邁進《まいしん》しているわけだ。

そもそも斑点米の有無は米自体の品質には差を生まないうえ、見栄《みば》え重視の格付けや等級は流通業者間において用いられこそすれ、最終的に消費される店頭では表示にも価格にも反映されない。選別機による収穫後の除去という代替手段があるにもかかわらず、農薬散布を勧めるのはJAの利益至上主義の産物にほかならない。

一方の減農薬については、農薬被害に詳しい医師によると、「ネオニコ系農薬は単純に散布量で比較すると、従来の有機リン系農薬が半減（約三千トン減少）した分を約四百トンの増加分で補ったことから、七倍以上の効果とされている」という。稲作農家の大部分を占める兼業農家などにとっては、農薬を散布する作業量が大幅に減らせるメリットがあることも、JAのセールストークの一つだ。

だが、「散布量が七分の一に減るということは、逆に言えば七倍強い毒性を有するということでもあり、ネオニコ系特有の残効性などを考えれば、減農薬とは言え環境への負荷はむしろ高まっているとも考えられる」（同医師）という。

なかには「ミツバチにやさしい」と、虚偽記載が疑われる農薬も公然と出回っているという。事情を知らない農家は、何の躊躇《ちゅうちょ》もなく使用するわけだが、こうした事態に対し養蜂家からは「この但《ただ》し書きをやめるべきだ。すぐにミツバチが死ななくても食欲不振に陥り、次世代の幼虫に影響を与え、蜂《はち》が減っているのは事実だ」と悲痛な叫びが届く。情報不足の農家に甘言を弄《ろう》し、いたずらに「安心安全」を謳って農薬を販売するJAの悪質な手口に、養蜂家は憤《いきどお》りを募らせている。

残留基準をさらに甘くする「暴挙」

これに対し、規制当局たる農水省はというと、JAと歩調を合わせるばかりで、農薬規制には至って消極的だ。それもそうだろう。農業セクターでは最大の圧力団体であるJAの収入源の一つが農薬販売なのである。

むしろ、農水省と農薬関連業界との直接的な「癒着構造」が、ネオニコ系農薬の普及、拡大に積極的に手を貸してさえいる。過去数年の農水官僚の天下り先を独自に調査した結果、農薬事業に携わる関連企業や団体への天下りの実態が浮かび上がってくる。

例えば、農薬の空中散布の推進を図る、一般社団法人「農林水産航空協会」。この会長（常勤）は元・農水省大臣官房審議官の関口洋一氏だ。同会員には、農薬の空中散布を手掛ける「朝日航洋」「東邦航空」「中日本航空」だけではなく、農薬販売を担うJA全農や「全国農業共済協会」といった農協系機関をはじめ、「ヤンマー農機販売」（現在はヤンマーアグリジャパン）など農業関連団体や企業が名を連ねている。

会員企業ベースでみると、農水省からは二〇一一年にＪＡ全農に再就職した人物が一人、散布業者の中日本航空に一人が天下っており、さらにヤンマー農機販売にも一人と、農薬関連業界の要所に天下り先を築いていることが分かる。

協会によると、「正会員以外に『賛助会員』がありますが、住友化学などの化学・農薬メーカー十六社に賛助会員になっていただいています。こうした農薬メーカーからは、農薬散布テストの依頼として資金提供を受けることもあります」（同協会）としており、資金面での農薬メーカーとの密接な関係がうかがえる。

こうした天下り先を確保し続けたい農水省に、農薬関連の規制強化など望むべくもない。それればかりか、あろうことか国は、東日本大震災と福島第一原発事故の混乱も冷めやらぬ一一年六月、ネオニコ系農薬の残留基準設定をさらに甘くするという「暴挙」に出た。

日本における食品中のネオニコ系農薬残留基準はすでにＥＵの数倍から数百倍と甘い。茶葉やリンゴ、ブドウ、イチゴなどはＥＵ基準の三〜三百倍だ。にもかかわらず、混乱のどさくさに紛れて、さらなる「規制緩和」でネオニコ系農薬の拡散に手を貸しているのだ。

農薬による健康被害に詳しい東京女子医科大学の平久美子医師は、こうした国の管理基準の杜撰《ずさん》さを糾弾する一人だ。

「例えば、ネオニコ系のアセタミプリドの残留農薬基準は茶葉で三十ｐｐｍ。これは、五百ccのペットボトルの緑茶を飲めば、中毒になってもおかしくない甘い基準。お茶や果物などアセタミプリドが多く残留する食品は、子どもの脳への悪影響もあると考えた方がいい。ペットボトルのミネラル水やお茶の基準が水道水よりはるかに緩いのは、『勝手に買って飲んだ人が悪い』という自己責任扱いだからです」

圧力かけ論文発表を潰《つぶ》した農水省

農水省のネオニコ系農薬「推奨」方針に対しては、当然ながら学問の世界からも重大な「疑義」が呈されている。ネオニコ系農薬とミツバチ大量死との因果関係を公式にはいまだに認めていない農水省だが、養蜂家や環境団体などからの強い要請を受け、所管の「農研機構畜産草地研究所（畜草研）」でネオニコ系農薬とミツバチの大量死の因果関係などを調べる研究事業「ミツバチ不足に対応するための養蜂技術と花粉交配利用技術の高度化」を二〇一〇年にようやく立ち上げた。

直接研究を手がけた研究員A氏は一連の関連研究の過程で、「水田でのカメムシ駆除がミツバチ大量死の原因であることが明らかになった」と結論づけた。一二年秋のことであった。

A氏はこれらの研究と並行して、論文を作成したが、これに農水省からの強い圧力がかかる。「科学雑誌への掲載寸前までいっていたが、農水省がそれを『取り下げろ』と言い出し、所管官庁の恫喝《どうかつ》に、当初論文発表を了承していた畜草研も方針変更してしまった」（A氏）という。農水省は所管研究機関によるミツバチ関連の調査結果の公表を先送りし、ネオニコ系農薬の有害性を隠蔽《いんぺい》したわけだ。

一三年三月をもって正式に終了したこの研究事業だが、畜草研によると、研究成果を論文発表するのは「一年程度先」（畜草研研究員）と、早くも年単位の「引き延ばし」が生じている（一四年四月時点）。少なくともこの間は、ネオニコ系農薬の環境影響に対しては、「証拠不十分」という従来の主張が繰り返され、世界でも異常なほど甘い残留基準は放置されたまま、ネオニコ系農薬は拡散し続ける。

一九六二年、米国の生物学者レイチェル・カーソンが、ＤＤＴなどの農薬の危険性を訴えた著書『沈黙の春』を上梓《じょうし》し、世界を震撼《しんかん》させた。それから半世紀。ネオニコ系農薬という次世代の農薬が、静かに、しかし確実に環境を蝕《むしば》み続けている。自らの利益と引き換えに国民の生命を危険にさらす一部の利権集団によって、警鐘は抑え込まれている。まさに沈黙の春の再来である。その舞台は、ほかならぬこの日本なのだ。

※

この間、日本以外の各国でのネオニコ系農薬包囲網は徐々に狭められている。EUでの規制から二年が経過した二〇一五年四月、欧州科学アカデミー諮問《しもん》委員会は、改めて警鐘を鳴らした。それによれば、ネオニコ系農薬によって、ミツバチだけでなくほかの蜂や昆虫にも多大な影響がでることで、害虫被害を悪化させているというものだ。

規制は欧州から他国へも広がっている。一四年三月には隣国の韓国が、欧州と同様の規制を開始。その後、米国やカナダの自治体単位で、ネオニコ系農薬の使用に制限が加えられるようになっている。

「日本では、世界に逆行するように農薬の規制が緩められている」

農水省を取材する全国紙の記者はこう語る。

現に、一五年五月に、厚生労働省はアセタミプリドを含むネオニコ系農薬の残留基準を大幅に緩和。ほうれんそうでは、従来よりも十三倍までの農薬残留が認められ、今も流通し各家庭の食卓に上っている。

さらに現在進行形で、スルホキサフロルという農薬についての基準を緩めて国内での使用や、輸入食品における残留について認めようという動きが進行している。

JAについて安倍政権が改革を行ったとされているが、組織的な問題だけがクローズアップされ、JAによって支配された各農家が使用する農薬についての問題は俎上《そじょう》にも載らなかった。

状況はむしろ悪化し、子どもを中心とする健康の被害は水面下で拡大していると考えるのが自然だろう。気がつくのはいつも「手遅れ」になってからだ。

日本内科学会

医療費を食い荒らす利権集団

「日本医師会」のように一般の人に知られた存在ではないが、医療界で絶大な勢力を誇る「日本内科学会（日内）」という組織がある。会員数は十万五千人余り。実に日本の医師の三分の一が所属している。「学会」というからには、学術研究の成果を持ち寄り発表議論する場かと思いきや、そうではない。日本の医療界における最大の権力装置であると同時に、利権の温床でもある。専門医が重視される中で、「内科」などという漠然とした診療科が意味を持たぬ時代になっているが、今なお日内は日本の医療界に君臨し続けている。

年一回の総会は「集金装置」

二〇一三年四月十二日から三日間、東京・有楽町の国際フォーラムで「第百十回日本内科学会総会・講演会」が開催された。その名称からも明らかな通り一九〇三年（明治三十六年）に設立された同学会の節目となる総会である。

年一回の総会に、「講演会」の名称を冠しているのは、かつての「医学講演会」の趣を残しているからだ。演者のほとんどは日内傘下《さんか》の学会で役員を務める全国の医学部教授、国公立の基幹病院や有名市中大病院の院長・部長クラスだ。ただし講演内容は他の疾患別学会、専門学会の特別講演などと同工異曲。多くの日内会員にとって総会で得られる有用情報など無きに等しく、出席しなくとも最新のトピックスに後れをとることもない。しかし毎年多くの参加者が総会に集う。二〇一二年の場合、参加登録者は四万人を超えた。

「日内は認定医制度を人質にして医師を半ば強制的に参加させる」

医療ジャーナリストの一人はこう指摘する。総会への参加者をみると、その多くは受付で参加費の一万円を支払うだけで講演やシンポジウムを聴講することなく帰っていく。メインの講演会場は数万という参加者がいるとは思えないほど閑散としていた。

「地方の勤務医は総会に出席しても疲弊するだけ」

都内にある私大医学部の中堅内科医はこう指摘する。自身も数年前、四国地方の市中病院に勤務していた時代にやむなく出席していた。日内は「専門医認定を餌《えさ》に、弱みに付け込んで不労所得を得ているに等しい」というのだ。なぜ、参加しなければならないのか。実は、参加登録をして参加料と引き換えに「出席ポイント」を得ることが重要な意味をもつ。

日内の傘下に「日本消化器病学会」「日本循環器学会」など十三の学会があり、それぞれが独自に専門医の認定を行っている。これを受ければ「〇〇学会認定医」を標榜《ひょうぼう》できる。しかし、上部団体の日内認定医資格がないと下部学会の認定医の受験資格さえ得られない。

日内は、一九六八年に内科専門医制度を発足させ九四年からは現行の認定医制度に名称を変更した「先駆け」だ。その後、八〇年代終盤から全《すべ》ての診療領域における専門医制度創設が医学界の課題となった。つまり、内科という広い区分けではなく「消化器」や「循環器」など分野ごとに専門医を育成しようという動きだ。

日内は、自らの既得権益がなくなることを阻止するために日内の認定医資格取得を事実上義務付けるシステムを作り上げた。日内認定医で一番重要なのは医者としての知識でも能力でもなく総会で得られる出席ポイントだ。認定の新規申請や更新の際に必須《ひっす》であり、結果として毎年全国から医師が総会・講演会場に足を運ぶ。

日内のあこぎな策謀による成果は過去の総会の出席者数に表れている。八〇年代まで、総会出席者は一貫して二千人程度だった。これが九〇年代に入ると急増し二〇〇一年に一万八千人を超えた。近年は専門医制度を設ける下部学会が増加しているため、数万人規模となっている。内科関連の学会は、前述した日内傘下の十三学会の他に五百以上も存在する。その多くが日内認定医資格取得を義務付けている以上、日内は困ることがない。

日内の会費は他学会より安い年間九千円だが、会員十万人余とあって一二年度の会費収入は約九億七千六百万円。これに加え、総会参加費（一万円）が二億三千二百万円。会費と参加費で年間予算約十五億九千七百万円の七五・六％を占める。一方、額は下がるが、認定医試験受験料（三万円）の一億一千九百万円と五年ごとの更新料（五千円）六千五百万円が加わる。

日内は東京大学医学部に近い文京区本郷に地上八階地下一階建ての「自社ビル」を持つ。一学会がビルを持てるのも、潤沢な収入あってのこと。傘下の日本循環器学会など八つの学会がテナントとして入居している。

医薬費九兆円の過半を差配する

日内はもうひとつ、「製薬業界」という巨大利権を持っている。

製薬会社と医師の癒着は、繰り返し問題となっている構図であるが、いまだにその関係は密接だ。その象徴を、やはり日内の総会でみることができる。前述した通り、参加者の多くは登録を済ますと会場を後にするため、重鎮教授の講演といえども空席が目立つ。そこで、製薬企業・医療機器メーカーや医薬品卸業者が社員らを動員して席を埋めるのだ。前出医療ジャーナリストはこう語る。

「製薬会社にとって日内はもっとも重要な『お客様』だ」

日本の総医療費に占める医薬品の比率は諸外国と比較して高いとされる。一説には四割ともいわれるが、数字は算定条件によって変わる。医薬産業政策研究所の推計（二〇〇九年）では、国民医療費に占める医薬品の割合は二五％と控えめな数字ではあるが、それでも八兆九千億円だ。この薬剤の過半は内科医によって処方、使用されている。外科や麻酔科、放射線科などと異なり、内科では医薬品が主たる治療方法であるからだ。つまり、製薬会社にとって、もっとも重要なターゲットが内科医であり、日内は四兆円以上の市場のカギを握る存在なのだ。

近年、製薬会社の規制が強くなり、内科医への大っぴらな飲食接待は影を潜め、ホテルの会議室で行われる昼食勉強会が主流になっている。しかし、あからさまな接待がなくなっただけで水面下ではいまだに不適切な関係が断ち切れていない。

製薬会社は「奨学寄附金」という形で特定の教授らに研究費を渡すことができる。奨学寄附金とは、一九六四年に文部省令によって定められた民間資金の委任経理制度だ。企業からの寄附は一度国庫に収められるが、最終的に希望する講座・教授へと渡る。「公金」の扱いにはなるものの、国からの公的研究費と異なり、ある程度〝機動的〟に利用できるのがミソだ。つまり、自由裁量の幅が大きい寄附金なのだ。

日本の医学研究費の出所は公的資金と民間資金が半々で、民間資金の六二％が奨学寄附金との調査結果が最近まとまっている。ちなみに、産学連携の先進国である米国でさえ、産業界からの研究資金は六％（二〇〇九年）にすぎず、日本が企業に依存している実態が浮き彫りになる。

〇七年にインフルエンザ治療薬タミフルの副作用を調べていた厚生労働省研究班の主任研究者が、メーカーの「中外製薬」から多額の奨学寄附金を受けていたことが明らかになり辞任したことは記憶に新しい。

医薬品メーカーからの「袖《そで》の下」

奨学寄附金の一番の問題として指摘されるのは、企業がスポンサーとなっている臨床研究論文はバイアスがかかりやすいことだ。

二〇一三年二月六日、毎日新聞が最初に報じた京都府立医科大学循環器内科教授の研究論文不正疑惑。当初はデータ計算のミスなどと釈明していたが、二月末に追われるように教授が辞職した。「KYOTO HEART Study」と銘打ち、同大教授らのグループがノバルティスファーマ社（本社・スイス）が開発・販売した降圧剤「バルサルタン」の臨床試験を行った。同教授は、降圧効果だけでなく脳卒中なども防ぐ効果が高いというデータが得られたと内外の学術誌に発表。しかし結果として、「画期的効果」に疑問符がつき論文は撤回された。しかしノバルティスファーマ社はこの論文を宣伝材料に使ってバルサルタンを売った。日本国内だけでも一千百億円を売り上げるブロックバスターだ。その後、ノバルティスファーマ社の社員がこの研究に参加して捏造《ねつぞう》に加担していたことが明らかになり、一四年六月には当該（元）社員が薬事法違反で逮捕された。

しかし、この教授も純粋に効能を信じていたわけではなく、「ノバルティスファーマ社の意図には気づいた上でカネを受け取り、研究を行っていた」（前出医療ジャーナリスト）のである。

全国紙厚労省担当記者の一人はこう指摘する。

「研究費の使い方についての医師のモラルは低い。国から研究費をもらいながら、寄せ集めのデータで論文を作る教授もいる」

海外の医学専門誌に掲載されなければ科学的意義はゼロだが、研究費消化のアリバイのために国内の会報誌に投稿してお茶を濁す。文部科学省にこれをチェックする能力はない。最近、研究費の流用が問題となっており、科学者としてのモラルは医師が一番低いといえるだろう。要するに製薬会社からの寄附金は形を変えた「袖の下」なのだ。

特定の製薬会社が発売する新薬特集の形で、医学部教授による座談会記事が、医学系商業誌に絨毯《じゅうたん》爆撃のように掲載されることが珍しくない。最近の例でいえば、脳梗《のうこう》塞《そく》などを予防する抗凝固薬の「第Ｘａ因子阻害剤」が一二年から一三年にかけて相次いで外資製薬メーカーから投入された。この新薬が従来品と異なるセールスポイントは、服用中に納豆を食べられるということ。

ベテラン内科医にいわせれば、この新薬は従来のワーファリン（あるいはアスピリン）と比べて効果に大差がないという。しかし、薬価は雲泥《うんでい》の差だ。ワーファリンの薬代が一日せいぜい三十円であるのに対し、新製品は六百円。「納豆が食べられる」というメリットの対価としては高い。いうまでもなく、こうした薬を推す医師への謝礼はもちろん、雑誌にも広告費の名目でカネが入っている。

頂点に君臨する東大内科

「日内は現実の医療とは程遠い一種のアリストクラシー（貴族主義）の集団で、雲の上に浮いた存在だ」

心臓外科医の南淵明宏医師はこう語る。南淵医師は東京ハートセンター長で、冠動脈バイパス手術で有名な順天堂大学教授の天野篤《あつし》医師と切磋《せっさ》琢磨《たくま》してきた人物だ。南淵氏が続ける。

「外科医は実力で淘汰《とうた》される渦中《かちゅう》にあるが、治療を薬に頼る内科医はいまだに『権威』で臨んでいる」

実際、日内はその成り立ちから現在に至るまで、東大医学部の内科教授によって牛耳られている。

二〇一三年二月三日、東京のホテルオークラで内科における「東大権威主義」を物語る集まりが開かれた。一二年初秋に亡《な》くなった織田敏次東大名誉教授を「偲《しの》ぶ会」だ。織田氏は肝臓病学の権威であり、東大第一内科教授を定年退官した後、国立病院医療センター（現国立国際医療研究センター）や、日本赤十字社医療センター病院の院長を歴任した。この会に、医学界の他に政財官を代表する錚々《そうそう》たる面々が三百人以上集まった。事前の案内状によれば、供花料は一口二万五千円で、何口でも構わないという。時計の針が昭和で止まっているようだ。

日本において内科は他の診療科の上に君臨するものであった。外科医は内科医の指示に従って手術をする下働きであり、他の科は何をかいわんやである。

過去の日内理事のほとんどが東大教授であり、会頭も東大医学部卒の他大学教授や基幹病院長によって占められてきた。四月の第百十回総会の会頭・細谷龍男東京慈恵会医科大学教授は、生粋の慈恵医大出身で、例外といえる。現在の理事長、寺本民生・帝京大学医学部長は、東大教授の経験はない。しかし、一九七三年に卒業後、東大第一内科助教授を務めた経歴を持ち、東大出身の山中正己帝京大教授が恩師にあたるため、日内トップを射止めることができた。

日内の唯一《ゆいいつ》の上部組織といえる「日本医学会」の会長は、やはり東大医学部第三内科教授だった髙久史麿氏であり「医学界のドン」として君臨している。抗がん剤「イレッサ」の副作用問題において、製薬会社擁護の一文を書いて医学界の信用を貶《おとし》めたことを記憶している人も多いだろう。

「日内の時代的役割はもう終わった」と指摘する若手医師が増えている。日本の医療界における医局講座制の弊害が叫ばれて久しく、その一部は既に形骸《けいがい》化している。しかしいまだに東大を頂点に戴《いただ》く古い体質は継続し、医学の研究・教育に資することのない無駄な学会が開催される。挙げ句、製薬会社と結託して日本の危機的な医療費高額化に拍車をかけているのだ。この「遺物」を即刻解体し、医療界の新しい姿を模索すべきだ。

※

二〇一六年現在、内科学会の理事長は東京大学医学部糖尿病・代謝内科教授である門脇孝氏になっている。本稿掲載時に理事長だった帝京卒の「傍流」、寺本民生氏ではなく、「保守本流」ともいうべき、東大支配に逆戻りした。そして、日本医学会の会長にはいまだに高久史麿氏が居座っている。科学研究費の問題や研究不正については別項「『科学研究費』の闇《やみ》」を参照されたい。こうした問題はいまだにこの国の医学界にはびこっているが、それは総本山ともいうべき内科学会が変わっていないことの証左である。

京都府立医大の研究不正に端を発した「バルサルタン問題」は、その後ノバルティスファーマ社の元社員が逮捕されるという前代未聞《みもん》の事件にまで発展した。この元社員が、データ改竄《かいざん》に関与していたことは確かに断罪されるべきだが、臨床研究への製薬会社の介入を易々《やすやす》と許してしまう業界の体質はいまだに残っている。大手紙医療担当記者が語る。

「内科学会の自浄作用は期待できない」

厚生労働省にこれを是正する手腕はないばかりか、むしろ内科学会と「グル」と考えるべきだろう。高齢化に伴う医療費の増大は日本の財政を痛めつけている。しかし、その元凶である内科学会はのうのうと生き延びている。

暴力団を甦《よみがえ》らせた「フクシマ」

巨額の公金が吸い取られている

「東北は有力な資金源になっている。特に原発絡《がら》みの利権が転がっている福島は特別だ」

広域暴力団山口組系組織の関係者はこう語る。

東日本大震災から三年が経過し、さまざまな不満の声もあるなかで東北各地の被災地で復興の槌音《つちおと》は響いている。しかし、福島第一原子力発電所というお荷物を抱え、県内各地が放射性物質で汚染された福島、特に浜通りの歩みは他の地域と比べて遅い。

そのなかで、暴力団は震災復興建設や、原発事故処理、除染に始まり、産業廃棄物投棄や融資詐欺《さぎ》から果ては風俗、薬物売買まで「シノギ（事業）」を拡大している。暴力団の跳梁跋扈《ちょうりょうばっこ》が止まらない。

荒稼ぎし上納する二次三次団体

震災直後から東北に暴力団が入り込んでいる実態については、その一部が報じられている。「選択」も直後の二〇一一年六月号の記事で、全国から東北に集まる暴力団の姿を描いた。がれき除去から土木、建築へと復興の光景が変化する中で、反社会的勢力は福島に根を下ろし始めた。警察庁が一二年六月時点でまとめたところによれば、震災復興関連で暴力団組員などが摘発された事例が二十七件だった。

「摘発されたのは一部のヘタを打った人間だけ。福島ではいまだに多くの組織が稼いでいる」

東京に拠点を置き、自身は組員ではない暴力団関係者はこう断言する。福島県では東京の広域指定暴力団・住吉会系を筆頭として、エリアごとに山口組や稲川会の傘下《さんか》組織も「縄張り」を持ちすみ分けていた。

古くは、福島は稲川会系組織が強かった。しかし二十年ほど前から弱体化し始めるのに合わせて山口組が入り込み、その軍門に降《くだ》る小組織が続出した。これは東北本線沿いの内陸部、郡山や福島、白河の話であり、浜通りと呼ばれる海岸沿いは別だ。漁村や農村の多い浜通りに目ぼしい都市はいわき市ぐらいしかなく、住吉会がここを拠点とした。いわきに本拠を置く住吉会系二次団体は県内有力組織となっている。

また、除染事業などを中心とした県外組織の参入も相次いでいる。東京の暴力団関係者の一人はこう語る。

「東京に事務所を置く住吉会系三次団体の企業舎弟が福島の産廃事業で三億円を荒稼ぎして、最近組長に事務所と高級国産車をポンと上納した」

「カタギ」を偽装したフロント企業。もしくは社員の中に組員はいないが密接交流をするいわゆる企業舎弟は「ボロ儲《もう》け」（前出東京の暴力団関係者）のようだ。

福島県内の産廃事業は震災発生以降、がれき処理とともに増大している。さらに放射能汚染された地域を中心として不法投棄が増大していることも確認されている。これは暴力団の「十八番」とするところであるが、「警察は忙しくて監視できていない」（福島の地元紙記者）のが実情だ。

また、「需要の多いダンプカーのレンタルも収入源」（前出東京の暴力団関係者）となっている。レンタルをしているフロント企業の中には「一年で自社ビルを建て替えた」（前出地元紙記者）ところもある。

復興・原発事故処理バブルがいまだに続いているが、目立った暴力団同士による縄張り争いは起きていないと、前出地元紙記者は語る。

「事業が溢《あふ》れかえっているために争いどころではないのだろう。特に除染事業は福島県内全域で行われるドル箱事業なので、どの組織も食いっぱぐれない」

環境省が行っている除染は一三年度予算だけで六千九十五億円、これまでの分も合わせて一兆五千億円を超えるカネが投入される巨大公共事業。各自治体が事業者を選定するが、ほぼすべてが大手ゼネコンから下請けに回されており、監視の目は届かない。

一三年三月に山形地方裁判所で除染作業へ違法派遣した暴力団員に対する裁判が行われたことからもわかるとおり、県外の暴力団まで参入するほど仕事量が多い。

「大阪から来た」と語る三十代の除染作業員は日給一万四千円で働いている。環境省が想定している除染作業員の日給は三万~四万円で、明らかにピンハネが行われている。自身が何次下請けで働いているかもわからないような状態だが、この作業員は「ややこしい人間がかかわっているのは確実」として訴え出るつもりはない。この作業員が仕事を紹介された大阪の工務店と「取引のある企業舎弟」（在阪社会部記者）が口利《くちき》きを行っているのだ。

盛況極めるいわき市繁華街

前述した山形の裁判では、七人に対する二十万円余りのピンハネが認定されただけだが実態はどうなのか。除染事業の三次下請けに一日三十人を手配している山形の三次団体関係者は「一人当たり一万六千円のうち三割を抜いている」と打ち明ける。違法派遣は特に営業活動も必要なく、捕まった場合の罰則も緩い。「何もしなくても月に五百万近くが転がり込むおいしい副業」（同関係者）とほくそ笑む。二〇一二年十二月時点で環境省が試算した、必要な除染作業員数は一日当たり三万人から四万人といわれる。「各組織に流れ込んでいるカネはひと月に数十億円は下らない」（前出地元紙記者）とも言われる。

前述した住吉会系組織の例をみるまでもなく、福島で稼いだカネは各広域暴力団に対して還流されている。

暴力団に流れる資金の出所は環境省であり国の予算だ。最終的に東京電力に対して請求が行われるというが、仮に東電がこれを支払ったとしても電気料金という「第二の税金」に上乗せされるだけで、結局は一般国民が負担する。

沿岸部のいわき市は、除染に福島第一原発自体の事故収束作業が加わり、繁華街は盛況を極める。同じ被災地の仙台市国分町が「ピークアウトした」（全国紙記者）とされるなかで、作業員だけでなく原発周辺から逃れて東電からの補償金を手にした被災者も加わっている。

前述したとおり沿岸部は住吉会系組織の拠点であり、「いわき市街地や、風俗業で有名な小名浜などでのシノギは好調で、他組織の妨害もない」（前出地元紙記者）という。また、小名浜だけではさばききれない需要を満たすために、「違法も含めた派遣風俗業が隆盛で、ここに女性を派遣する組も多い」（前出東京の暴力団関係者）という。

「住吉会の二次団体が東京で女性を調達して福島県内の傘下組織に送り込んでいる」（暴力団に詳しいジャーナリスト）。

酒や風俗でも収まらない作業員のストレスを解消するサービスもある。前出暴力団関係者はこう語る。

「震災後、福島県内の広範囲で覚醒剤《かくせいざい》など薬物流通が増加している」

作業員からの賃金ピンハネにとどまらず、渡した金まで搾《しぼ》り取ろうという暴力団らしい発想だ。まさに「骨の髄まで」であり、「任俠《にんきょう》」を標榜《ひょうぼう》する暴力団の本性がよくわかる。

根深く食い込み排除は難しい

警察も対応はしている。

二〇一三年五月十五日、いわき市内のホテルである会合が開かれた。「福島第一原子力発電所・暴力団等排除対策協議会現地連絡会」の総会だ。福島第一原発復旧事業に関与する企業や県警などが構成するこの団体は一二年結成された。福島県警本部の担当者が「暴力団を復興に介入させてはいけない」と熱弁を振るった会合の関係者の一人はこう打ち明けた。

「理想はいいが、現実には難しい。原発の廃炉や除染はもちろん、復興事業にもヤクザは根深く食い込んでいる。果たして排除できるか。原発内の作業は人手不足で作業員の出自を考えている場合じゃない」

原発事故処理の現場も暴力団の稼ぎ場所になっている。原発内作業員が直接手にする日給は三万円から四万円と、除染より格段に高い。ピンハネ率が同じだとしても、儲けは単純に倍増する。

前述したとおり、浜通りには住吉会系の組織が多い。いわき市以外にも、相馬市に住吉会系三次団体が存在する。このため原発作業に古くから食い込んできた。

震災直後から福島県内で取材を続けるジャーナリストは、宮城県からなかば「売られて」きた二十代の原発作業員と会った。

「借金を理由に仕事を紹介され、今年（一三年）一月によくわからぬうちに連れてこられた」

こう話す作業員は生活費として日に三千円ほどが手渡されているというが、桁違《けたちが》いの中抜きである。「宮城県内の暴力団系闇《やみ》金融が関与している」（前出ジャーナリスト）とみられている。当然ながら、給与支払いについては偽装されており、元請けのゼネコンや、警察の監視の目は届いていない。

派遣だけでなく、直接原発作業に参入している企業舎弟さえいるという。一三年四月に汚染水が敷地内貯水槽から漏洩《ろうえい》する事故が起きた。敷地内に設けられたこの「プール」は事故後に前田建設工業が独自技術によって作ったものだが、「実際に作業を行った下請けに怪しい建設会社が交ざっていたのではないか」（地元建設会社関係者）と言われているのだ。

敷地内の地下貯水槽はわずかで、残りはおびただしい数のタンクが設置されていることは周知のとおりだが、この設置作業の一部で「地元の暴力団と密接交流している企業が入っていることは確実」（同前）だという。また、貯水槽とは別の敷地内土木作業にもフロント企業がいたという証言もある。

「住吉会系組織を筆頭とする暴力団と原発の関係は、事故前から脈々と続いてきたもの。簡単に断ち切れない」

前出ジャーナリストはこう解説する。もっといえば「原発内で働く作業員のなかには刺青《いれずみ》を持つ現役組員や元組員が交ざっている」（原発作業員の一人）といい、末端とはいえヤクザ自身も現場に入っているのだ。

こうした暴力団介入の最大の原因は、原発の現場で歴史的に行われてきた多重下請けにある。政府は原発事故処理や除染について、二次以上の下請けを禁止しているが有名無実化している。また「下請けに人材を口利きする分にはよほどのことがない限りみつかることはない」（前出地元紙記者）のだ。

東電には除染事業とは別に、一兆六千億円の公金が投入されている。この額は今後も増大し、現在原子力損害賠償支援機構が設定していた五兆円の枠では収まらず、九兆円に増加した。除染と同様に負担は国民に回る。一三年五月の予算委員会で安倍晋三首相は東電経営問題について触れ「東電だけに責任を負わせるわけではない」と答弁した。これは直接の政府負担を視野に入れた発言である。

「震災小金持ち」もしゃぶられている

福島第一で作業する建設会社経営者はいいわけのようにこう語る。

「除染はもちろん、原発内作業は人手が圧倒的に不足している。暴力団の影がちらつこうが、使わざるを得ない」

しかし、除染事業の根本的な必要性と効果は不明だ。また原発収束作業についても、野放図に汚染水を増やす現在の方式に、原発専門家から疑問符がついていることはあまり知られていない。無駄な事業を「公金」で行い、それで暴力団が肥え太るのは許されない。

警視庁の組織犯罪対策関係者はこう語る。

「警察の取り締まりが至らないのは事実だが、それが暴力団の介入を許す口実にはならない。『仕方がない』というのはヤクザによって洗脳されているにすぎず、暴力団は福島県に付け入っているだけなのだと認識してほしい」

前述した以外にも、福島県内では被災者・企業向けの融資に絡んだ詐欺や、単純な復興建設現場の下請けにも暴力団は介在する。また、東電からの補償金を手にいれた

「震災小金持ち」から博打《ばくち》や女性絡みで金を巻き上げる例もある。まさに、ありとあらゆる場面で、荒稼ぎしている。

近年の暴力団排除条例体制のため、「他の地域ではシノギが減り実入り（収入）が半減した」（愛知県内の暴力団関係者）組織が多い。当然上納金が減っており、広域組織の「経営」は苦しくなっていた。しかし結果として、福島県を筆頭とする被災地が抜け道になっている。前出全国紙記者が語る。

「東北、特に福島の原発復旧が続く限り暴力団の兵糧《ひょうろう》は断てない」

除染事業には終わりが見えない。福島第一原発の事故処理も半世紀単位で時間がかかる。宮城、岩手と異なり福島の復興事業は今後数十年続く。

その間に投入される「公金」は復興予算を含めれば数十兆円に上るとみられ、これらが暴力団を潤《うるお》していくのだ。追い詰められたはずのヤクザがフクシマによってまんまと生きながらえる。

※

「延々と続く除染作業に巣食う暴力団はいまだに多い」

除染事業にも携わる福島県いわき市内の建設会社経営者はこう語る。二〇一一年の原発事故から五年以上が経過したが、宮城県や岩手県が着実に復興に向けて歩んでいる一方で、福島県の特に沿岸部では時計の針が止まったようだ。否《いな》、増え続ける汚染水タンクで埋め尽くされ、むしろ状況は混迷を深めているかのように見える。

震災直後から復興利権に群がった暴力団は、東北の地に根を下ろしたように見える。本稿で触れたように、福島県浜通りは住吉会の縄張りである。しかし、福島県外から除染作業員をかき集める業者の中に紛れた暴力団系企業は、「住吉会だけでなく、稲川会や山口組など多くの指定暴力団が参入している」（雑誌記者）という。縄張り争いは起きないのだろうか。前出建設会社経営者が語る。

「除染作業の一社応札が続いているため、暴力団のほうも棲《す》み分けができている」

環境省が予算をつけて各自治体が行っている除染作業について、最近は大手ゼネコンが申し合わせたように発注ごとに一社応札している。談合が行われているかのようだが、表向きの理由は、建設需要の増加で各ゼネコンのキャパシティが限界に達しているためとされている。結果として、元請けゼネコン各社が満遍なく除染作業を受注しており、その二次下請け業者などに作業員を送り込む暴力団系企業も縄張り争いをすることなく仕事を分け合っている状態だという。

「山口組分裂騒動の影響は感じられない」

こう語るのは、福島県内での取材を震災直後から続けているフリーライターだ。このライターは暴力団の事情にも詳しいが、少なくとも復興マネーで潤っているいわき市内では、六代目山口組、神戸山口組の抗争の影響は出ていないという。全国各地で対立を深めている両組織だが、福島では暗黙の協定を結んでいるかのようだ。

本稿内で触れた、原発補償金で潤った「被災者」を食い物にするビジネスの一端が露《あら》わになった例もある。一六年四月に、宮城県警などは住吉会系組織による薬物流通網を摘発した。逮捕された暴力団幹部らは、宮城県内だけでなく福島のいわき市で覚醒剤を捌《さば》いていたことが明らかになっている。

一六年四月、東北の傷もいまだ癒《い》えていない中で、今度は熊本地方を中心とする九州を地震が襲った。指定暴力団が群雄割拠する九州だけに、今後の復興事業をヤクザが食い物にする可能性はあるだろう。

廃炉、除染の終わりが見えない福島は今後も暴力団の金蔓《かねづる》であり続ける。

「科学研究費」の闇《やみ》

不正にまみれた「学者ムラ」

大学などの研究費として一番代表的なものは「科研費」と呼ばれる文部科学省が分配する科学研究費補助金だ。これ以外にも、厚生労働省や環境省なども個別に科研費を持つ。税金を使いオープンに運営されているかのように見えるが、実はその選考方法から使途にいたるまでベールに包まれている。東北地方の国立大学工学部の教授の一人は語る。

「科研費選考の過程で学会のボスの意向が反映されることはどの分野でもある。そして現場での使い方や研究が適正かどうかは最終的に研究者の善意に任されてきた。実際にはさまざまな不正がある」

科研費の闇は、民間を巻き込んだ研究費全体の利権や不正にも繋《つな》がっているという。

まともな審査が行われない

「研究費・不正」といって真っ先に挙がるのは医学の世界だろう。京都府立医科大学元教授による論文捏造《ねつぞう》に端を発した、ノバルティスファーマ社（ノバ社）製の降圧剤「バルサルタン」をめぐるスキャンダルは、日本中に拡散した。

東京大学の小室一成《いっせい》教授（循環器内科）の場合、千葉大学教授時代に行ったバルサルタンについての研究論文以外に、過去に発表された十四もの論文について不正が疑われている。二〇〇八年に英誌「ネイチャー」に掲載された論文では、電気泳動実験の画像を「修正」した形跡が認められている。これについて東大附属病院の内科医は「明確な不正だ」と断言する。さらに複数の論文で改竄《かいざん》が確認されている。問題はこれら論文を執筆した研究に厚労科研費、つまり税金が使用されている点だ。当時（〇八年）小室氏が受け取った科研費は六千五百万円。翌年から二年間に約一億一千万円の科研費を補助されている。

つまり小室氏は公金を使ってノバルティス社のための捏造論文を書いたのだ。別の国立大学の医学部研究者はこう批判する。

「有力研究者には製薬会社からの寄附が入る。小室氏の懐《ふところ》にも相当入ったはずだ」

製薬会社は、奨学寄附金と呼ばれる制度で、研究者を指名して寄附を行う。科研費と異なり使途に制限がなく監査も緩い。もちろん、この寄附金で捏造実験を行っても指弾される。小室氏は科研費を使い論文を捏造しており、製薬会社からのカネは別のところに使われたのだろう。要するに科研費という税金を掠《かす》め取ったのだ。

国は税金で行われた研究の結果を検証していないのかという素朴な疑問が湧《わ》く。調べてみると厚労科研費は、入り口から出口まであまりに杜撰《ずさん》に使われていることが浮き彫りになる。特に臨床研究で研究費の露骨な恣《し》意《い》的配分が多いという。地方大学に勤務する研究者はこう語る。

「基礎研究の科研費選考におおむね不満はないが、たとえば遺伝子治療の補助金は毎年同じ人が通っている」

結論から言えば、遺伝子治療をはじめとする臨床研究の科研費は一人の「ドン」が握っている。日本医学会の髙久史麿会長だ。髙久氏は東京大学医学部第三内科教授、国立国際医療センター総長、自治医科大学学長を歴任した人物である。いまや医学界全体を髙久氏周辺が牛耳っているとさえいわれる。宮園浩平東大医学部長、門脇孝東大病院長を皮切りに、国内の循環器学会など主要学会の理事長や、医療機関のトップなど、多くのポストを高久門下生が占める。厚労省の科研費を審査する評価委員にも高久氏の息がかかっている。

厚労省の科研費は事後評価も行われているが、こちらの評価委員にも当然ながら高久一派が居並ぶことになる。医療ジャーナリストの一人はこう指摘する。

「他人の論文にケチをつけるのは難しい。同分野の研究者であり、狭いムラ社会では自らの首を絞めることになりかねない」

結果として高久氏の覚えのめでたい小室氏のような研究者にはふんだんな科研費が流れ込み、「税金泥棒」が可能になるのだ。

厚労省で科研費を仕切る厚生科学課長ポストには医系技官が座っているが、審査・評価する能力はほとんどない。むしろ医系技官も恣意的な科研費分配に加担している。

「役所がほしい研究結果を出してもらえるように、顔の利《き》く医師に頼みに行く」（事務系キャリア）こともある。もちろん、顔の利く医師の最右翼は高久氏だ。過去には、医系技官が科研費選考に手心を加えるように評価委員に電子メールで依頼していたことも発覚している。

叩《たた》けばほこりが出る研究者

こうした杜撰な運用がされているために、たいした研究も行わずに科研費を受け取る悪質な例もある。都内の私立大学医学部の教授は、毎年同じようなテーマで厚労科研費を受けていたが、実際には自身が製薬会社からの受託研究で行った内容を寄せ集めて論文を執筆。会報に毛が生えた程度の国内誌に掲載して、研究を行っていたことにした。世界的には欧米の科学誌、医学誌に掲載されていない論文は成果としては認められないが、科研費については問われないという。この教授は最終的に受け取った科研費一千万円をプールしたが、この話を悪びれもせず同僚研究者に披瀝《ひれき》した。

つまり論文審査だけでなく使途の監査も緩い。科研費の監査は各機関、つまり大学や研究所にまかされている。これは、大学、学部などによってさまざまで、一部は「ザルのような監査を行っている」（前出医療ジャーナリスト）。

科研費を牛耳る高久氏は医療界全体に君臨している。東大教授時代の高久氏の研究室には「陳情者が列をなし、皆お近づきになるのに必死だった」（東大関係者）という。もちろん製薬会社も日参する。結果として高久氏は製薬会社という「もうひとつの財布」を持つようになった。小室氏のような手下の働きは、間接的に高久氏を潤《うるお》す。つまり高久氏を頂点とするシステム全体が、公金を掠め取っているのだ。

こうした医学界の研究費の動きについて警察は関心を持っている。論文捏造自体は刑法に直接抵触しないが、詐欺《さぎ》や公金横領に問われる可能性はある。またバルサルタンのケースは間接的にノバ社が健康保険のカネを「盗む」ことに加担したことにもなる。「この春から医学部教授にレクチャーを受けるなど、知能犯係が動き始めた」（警視庁担当記者）。二〇一四年六月には研究に参加していたノバ社の社員が薬事法違反で逮捕されたが、研究者にまで司直の手が伸びるかは不透明だ。全国紙科学部記者はこう語る。

「小室教授のように叩けばほこりが出る研究者はほかにもたくさんいる。どこかで線引きし、悪質なケースで一罰百戒にしなければきりがないかもしれない」

一部の権力者が学会内部を牛耳る構図は、医学以外の分野でも存在する。文科省の科研費も厚労省と比べて「五十歩百歩」（前出科学部記者）だ。

関東の総合大学のある教授は、国の予算を受けて材料分野の基礎研究を行っているほか、大手メーカーとの共同研究を行っている。前述した医師と違い、寄せ集めのでっちあげ論文を作ったことはないというが、「科研費の一部をプールして研究室の運営費に充《あ》てている」と語った。

後を絶たない私的流用

「研究費のプールや流用は、さまざまな大学、研究室で行われている。当事者の教授らは一様に研究のために使っていると言うがこれが重大な過《あやま》ちだ」

自身もポストドクターとして大学の研究室に在籍していたことのある科学ライターはこう批判する。虚偽の申告により科研費を得ることは詐欺、横領にあたる。そして、「裏金」と化したカネは誰からの監視も受けないため研究者の私的流用は繰り返されてきた。

しかし、二〇一三年二月には国立がん研究センターの牧本医師が、約二千六百万円の科研費をプールして、そのうち五百八十万円を私的に流用、自宅の家電購入費に充てていたことが明らかになった。前出医療ジャーナリストはこう語る。

「取引先の業者にプールして、残りの二千万円には手をつけておらず、もともとは研究資金のつもりで魔が差したのだろう」

明るみに出ていない例も挙げよう。一般に国税局による査察の情報は新聞記者にも漏れない。しかし、ここ一年以内に退職した国税職員が全国紙社会部記者に酒の席で問わず語りのように漏らしたケースがある。

国立研究機関のある研究者は、資産家の生まれでもないのに生活が派手で外車を乗り回している。国税は「タレこみ」から動き始めて、当初は副収入を疑ったが、自身名義の口座には派手な生活に見合うようなカネが入っていないことなどを突き止めた。その研究室は多くの機器を使用し、複数の業者が出入りしていることを把握した時点でその職員は定年となったという。国税の用語でいう「溜《た》まり（金をプールしているところ）」には辿《たど》り着かなかったが、国がんの例と同様に、出入り業者にキックバックさせていることまでは確信したという。ただし、定年の時点で厳密には国税の案件ではなくなるため、現在も内偵が行われているかは不明だ。

科研費を誤魔化す手口は古典的なものが多い。二月に公表された文科省の調査では、業者を使った架空発注、偽造領収書、出張旅費の二重取りの実例を挙げている。

私的流用については細かいものを挙げればきりがない。前出科学ライターが籍を置いていた理学系の研究室でも科研費がプールされていた。研究室内の懇親会費用などグレーゾーンの使途もあったが、教授の完全に個人的な飲食費にも持ち出され、妻のブランドバッグを購入することさえあった。別の若手研究者は、ボスである教授が虚偽の学会出張旅費精算を行っているのを目撃している。その教授の娘のブログに同時期の家族旅行の写真が掲載されていたという。前出医療ジャーナリストが語る。

「研究のための裏金が、いつしか感覚がマヒしてくると見境がなくなる。こうした不正がなければ、科研費をもらえなかった研究にもカネが回っていたはずだ」

文科省がまとめた一一年度までの五年間の科研費不正受給は三億円だった。「これはあくまで氷山の一角」(前出国立大学教授)であり、論文精査などを行えばより大きくなる。

再び動き始めた原子力ムラ

長年、バルサルタン事件と似たようなことを続けていたのが原子力ムラだ。原子力研究者は文科省の科研費以外に、経済産業省の予算も獲得できる。「特に東大では、公的研究費だけでも潤沢な予算があり羽振りがよかった」(関西の国立大教授)という。ここに電力会社や原子炉メーカーとの共同研究、受託研究の研究費や、奨学寄附金が入る。福島第一原発事故後に「原子力ムラ批判」が起こり、カネを出す方ももらう方も謹慎状態になった。しかししぶとく残っているものもある。福井大学附属国際原子力工学研究所は、関西電力がスポンサーとなった知られざる施設だ。旧原研や旧動燃のOBが四十人以上集まる規模の大きい研究所がいまだ存続している。前出の関西の国立大教授は、原発存続派であることを断ったうえでこう批判する。

「研究者は、原発安全神話に科学的なお墨付きを与えた。この反省も検証もないままに、またしても原発マネーにたかろうとしている」

自民党政権が復活して以降、原発再稼働《さいかどう》に向けた準備が着々と進む中で、「謹慎が解けたとばかりに電力会社に研究費の無心をはじめた教授がいる」（前出関西の国立大教授）。二〇一二年一年間に全国八大学、十五億円余りの原発マネーが流れ込んだことが明らかになったが、今後はさらに増加しそうだ。

我が国の公的な科研費は文科省が約二千四百億円、厚労省が約四百六十億円（ともに一三年度）。共同・受託研究という形で民間のカネは、文科省の一一年度の調査では、大学だけで約九百億円だった。ここに奨学寄附金が加わるが、ここが一つのブラックボックスになっている。一番新しいデータは、〇八年に内閣府が行った調査だ。それによると〇一年の調査から増加していた奨学寄附金は〇八年時点で、八百十八億円だった。ただし、これは国立大学だけの総額だ。奨学寄附金は主に製薬会社から有力私大にも流れ込んでおり、実態はもっと大きくなる。

最低でも四千五百億円の研究費が、大学をはじめとした研究機関によって使われている。科学技術立国を目指すためには少ないという議論もあるが、その前に膿《うみ》を出さなければならないだろう。研究者の自浄作用には期待できない。

※

二〇一五年十二月、大阪大学は大学院情報科学研究科の四方《よも》哲也教授らが、一四年度までの十年以上に渡り、研究費二億七千万円を不正使用していたと発表した。四方教授らの手口は、本稿でも触れたような「プール金」を作るもので、取引業者に架空の請求書を発行させて、預け金を作っていた。長期間に渡るとはいえ、二億円以上という多額の公金が不正に流用されていたことが衝撃を与えると同時に、いまだに科研費の不正が蔓延《まんえん》していることを白日の下にさらした。

このケースではプール金は研究室の他の消耗品購入などに充てられたとされ、私的流用はなかったとされているが、一四年に東京工業大学で発覚した事件では不正にプールした約一千五百万円の研究費を使って、元教授が自家用車を購入していたことなどが明らかになっている。元教授の私的なクレジットカードの支払いなども業者につけがまわされていたことなどが判明し、刑事事件として立件された。

文部科学省では、一五年から「公正な研究活動の推進に関する有識者会議」を開催している。テーマは、科研費の不正使用に加え、研究内容における捏造や恣意的な操作などだ。これはSTAP細胞や、医薬品臨床研究における不正などが相次いで問題となったことをうけて、「研究倫理」について包括的に議論するために開催されているものだ。

「きれいごとを並べているだけで解決策は見えてこない」

取材を続ける全国紙科学担当記者はこう語る。そもそもの問題は、我が国が「科学者性善説」に立っていることだと批判するのは、ある国立大学の工学部教授だ。

「科研費不正使用と研究不正は、防止システムが機能していないという点で病巣《びょうそう》は同じだ」

欧米では、「人間は不正に手を染める」という前提で、チェック・システムが整備されているという。また、研究者となる入り口にあたる大学に入ったばかりの学生への教育も徹底されており、実験や論文などで不正を行わないように教え込んでいる。

翻《ひるがえ》って日本をみると、二〇〇〇年代に入ってようやくこうした教育が行われるようになったばかりだ。

問題は、公金の横領という問題だけに留まらない。東洋ゴムの免震装置データ不正、旭化成建材の杭打《くいう》ちデータ偽装、三菱自動車工業の燃費測定不正など、技術者のモラル崩壊による問題は噴出している。

「科学者は悪事を働く」という前提に立った徹底的な取り締まりと教育が求められているが、文科省の対応は相変わらず遅い。科研費不正は、科学技術立国の足元が揺らいでいることの証左であることに、日本人は気づかなければならない。

自治医大と髙久史麿

医療界を牛耳る陰の利権組織

「日本の医療界を支配するのは自治医大だ」

某国立大学医学部教授の一人はこう指摘する。日本の医学界は東京大学医学部を一つの頂点とする確固たるヒエラルキーの下に成立してきた。この構図は現在でも存在するが、並行して栃木県の一私大である自治医科大学が隠然たる権力と影響力を行使している。厚生労働省担当の全国紙記者はそのからくりをこう解説した。

「自治医大学長を長年務めた医学界のドン、髙久史麿が自治医大の特殊な立場を利用して自らの権力を行使してきた結果、巨大な利権装置と化した」

今や自治医大関係者が医療行政を左右しうる立場にあり、その悪影響は公金の無駄遣いといったレベルに留まらず、国民の健康を脅《おびや》かそうとさえしている。

総務省所管の「特殊」な医大

高久と自治医大による医学界支配の力は、前述した同大の「特殊」な立場の結果生じた。国公立・私立を問わず、あらゆる大学医学部は文部科学省の支配下にある。また、医師養成や医療サービスの提供といった分野については厚労省の管轄《かんかつ》だ。

しかし自治医大は直接的には総務省の所管する大学であり、実際事務局には多くの現役職員が出向し、理事会にはキャリア官僚が天下っている。現理事長の香山充弘は総務事務次官出身で、麻生太郎政権時代に官房副長官の候補にも取りざたされた大物官僚。常務理事の長谷川彰一も天下り官僚だ。

一九七二年に設立された自治医大は、私立大学でありながら出資母体は全国の都道府県。医師が恒常的に不足している僻地《へきち》勤務医を養成する目的で発足した。そのため入試は都道府県ごとに選抜が行われ、各自治体から毎年二人ないし三人の合格者が出る。六年間で二千二百六十万円かかる授業料は学生に貸与されるが、卒業後九年間を「義務年限」とし、各都道府県が指定する僻地に勤務すれば返還が免除される。

省庁が所管する同種の医大には、産業医科大学（厚労省）や防衛医科大学校（防衛省）がある。しかし自治医大は潤沢な補助金に恵まれている点で特異な存在であり、同時に広範な医療機関ネットワークを持つ点で他医大を圧倒する。

一千九百四十七億円もの資産を持ち「無借金の超優良企業」（税理士）と評される自治医大の人件費率は二〇一四年度収支報告書によると三〇・三％に抑えられている。「都内の一流病院の人件費率目標が四割以下」（病院経営者）ということを考えると、医療機関としての健全ぶりがわかる。

この一因は総収入（九百八十三億円）の一割以上（百十一億円）を占める補助金収入だ。例えば同規模の浜松医科大学、滋賀医科大学など国立単科医大の運営費交付金が五十億円台。同じ栃木県内にある私立の獨協医科大学が受け取る私立大学等経常費補助金（私学助成金）は約二十億円に過ぎない。

自治医大の場合、文科省からの私学助成金（二十七億円）のほか、各都道府県の負担金六十二億円などが加わる。さらには、栃木県が発行母体となる「地域医療等振興自治宝くじ」というくじも収入源だ。これは一自治体が発行する宝くじでありながら、特別に全国での発売が認められ、収益は自治医大に回される。表向きの補助金以外に、三十四億円の学生納付金も、最終的には各都道府県が負担することを考えれば一種の「隠れ補助金」（前出全国紙記者）といえる。

学外にも「財布」を持つ。香山が理事長を務める公益財団法人「地域社会振興財団」は、宝くじの収益から二十七億円の補助金を受け取って、「人材育成」や「研究支援」の名目でカネをばらまく。同財団の理事は自治医大や総務省、各都道府県関係者が占める。

一九九六年から二〇一二年三月まで自治医大の学長を務め、現在も多大なる影響力を持つのが、日本医学会会長の高久である。一九三一年生まれの高久は、福岡の小倉中学（現小倉高校）、旧制五高（現熊本大学）を経て、五四年に東京大学医学部を卒業した。東大で順調にキャリアを重ねた後に、七二年の自治医大開学時に内科教授として赴任し副学長を務めた。その後、八二年に母校である東大医学部第三内科教授に就任、九〇年に退官後は国立国際医療センター総長を経由して、自治医大に学長として舞い戻った。

「目立った業績はほとんどない」（医療ジャーナリスト）といわれる高久は「政治力」だけでここまでのし上がってきた。それを手助けしたのが潤沢な自治医大マネーとネットワークだ。

「医学界のドン」の権力装置

医師不足が恒常化しているわが国で、医師の人事を差配する権限は強大だ。医師の配置を教授が決める「医局制度」の弊害についてはよく知られているが、この制度は目下解体が進んでいる。

一方で高久が手にしているのは、一講座単位の医師の生殺与奪権どころのレベルではない。自治医大は傘下《さんか》に十三の直営病院のほか、四十八（二〇一六年四月現在）の指定管理・委託病院を抱えるわが国有数の「巨大病院チェーン」だ。これを事実上管理しているのが公益財団法人「地域医療振興協会（以下協会）」である。理事長は自治医大一期生の吉新通康《よしあらみちやす》で、会長である高久の右腕とも呼べる人物だ。協会の事務局の一つは東京・平河町の都道府県会館内にあり、案の定というべきか同会館には自治医大の理事室も入居している。

自治医大卒業生は九年間の僻地勤務が義務付けられているため「広い分野を診療できる半面、特技のない医師になる」（自治医大卒業生）。このため義務年限が明けても、都市部の医療機関では見向きもされない。就職口に困る卒業生は、協会にすがるしかない。協会はこういったOB医師をフル稼働《かどう》させる。

ただし、高久と吉新らに馬車馬のようにコキ使われる医師の待遇は恵まれず、激務のため大小の「医療事故」も多いという。しかし、協会はなにがあっても責任を取らないばかりか「辞めていく医師に事故について口外しないよう念書を取る」(協会関係者)というから罪深い。

また、「自治医大が運営を委託された病院の医師の数が少なく、地域の救急医療体制が崩壊した例もある」(前出医療ジャーナリスト)。こうした病院では、地域住民の健康を守り、患者を治療するという基本さえ危うい。

高久はこの巨大組織の人事を一手に握っているのだ。加えて、自らが指導した東大第三内科にも影響力を行使し、OBを重要ポストに就ける。現在の東大医学部長をはじめ、虎の門病院、国立国際医療研究センターなど東大系列主要病院のトップは高久の弟子たちが占めてきた。

つまり高久は、表向きの医学界ヒエラルキーの頂点にある東大を、自治医大という巨大機関の力を背景にしてコントロールしている。これが、冒頭の教授が口にした「自治医大支配」の構図だ。

また、高久は自らの政治力を高めるために自治医大を最大限に活用してきた。日本医学会会長選挙などで票を取りまとめてきたのは、日本専門医機構の事務局長を務めている小嶋照郎といういわくつきの人物だ。

小嶋は一九九四年に自治医大を揺るがした「茎崎病院事件」で中心的役割を果たしたとされる人物。この事件では自治医大が医師派遣の見返りとして金銭授受を行っていたことが明るみに出た。併せて同時期に資産運用の失敗や二重帳簿が内部告発によって問題化した。

小嶋は当時の庶務課長補佐として責任を問われたが、なぜか自治医大関連の「地域医学研究基金」への出向でおさまった。事件の大きさから考えると信じられぬほど軽い処分だったのだ。この小嶋を重用したのが高久である。小嶋はその後も日本専門医制評価・認定機構（現日本専門医機構）や、医療安全全国共同行動の事務局を仕切ると同時に、会長選で高久の集票マシーンとして動いた。

製薬会社からのカネも流れ込む

厚労省は高久のこうした政治力に恥ずかしげもなく擦り寄る。前述した吉新が同省の「医師の需給に関する検討会」など複数の審議会の委員に就任しているほか、教え子の原徳壽《のりひさ》（自治医大四期生）は医系技官のトップである医政局長を務めた。

　また、厚労省から世界保健機関（ＷＨＯ）に出向した尾身茂も自治医大一期生で、二〇〇六年にＷＨＯ本部事務局長に立候補した際には「自治医大ＯＢらが物心両面で支援した」（自治医大関係者）といわれる。この選挙に敗れた尾身を教授として引き取ったのも自治医大である。一二年に退官した後に、全国の社会保険病院や厚生年金病院を保有する独立行政法人「年金・健康保険福祉施設整理機構」（後に「地域医療機能推進機構」に改組）の理事長に天下った。尾身の経歴には驚くほど脈絡がない。要は高久が自らの子分にポジションを与えただけなのだ。

　また、厚労省の科学研究費補助金（科研費）の選考にも、高久の影響があるという。高久の専門である血液内科に関連する「バイオマーカー」などの特定分野の科研費が、高久一派に配分されている」（全国紙科学部記者）のだ。一件につき数千万〜数億円とばらつきがあるが、研究者が渇望《かつぼう》する科研費も、高久に気に入られれば手に入る。

　当然ながら、製薬会社も東大と同様に自治医大を重視して「高久詣《もう》で」を欠かさない。例えば、子宮頸《けい》がんワクチンを販売するグラクソ・スミスクライン社の幹部だった林通平は、高久のもとに足繁《あししげ》く通い、その信頼が厚いことを自慢してやまなかった。林は「高久先生が動いてくれたおかげで早期承認に結び付いた」とさえ公言していた。

また、さまざまなメディアに登場して子宮頸がんワクチンの有効性を喧伝《けんでん》したのは、自治医大の産婦人科教授の今野良だ。

子宮頸がんワクチンの安全性の議論とは別に、このような関係が背後にあったことは特筆すべきだ。

製薬会社は高久本人への接待も欠かさない。高久の二人の娘はキリンビール、ファイザー製薬という製薬系企業に就職した。高久をよく知る人物は語る。

「高久先生は驚くほどケチ。どこへ行っても製薬会社が支払うので、自らの財布を取り出すということがなくお金の払い方を知らない」

製薬会社が設立する財団の役員には高久本人か、その側近が就く。当然、財団が交付する研究費の行き先も高久の影響下にあり、自治医大出身者は「自治医大から研究費に応募すればまず落ちることはなかった」と語る。

製薬会社が直接医師個人を指名して渡すことができる「奨学寄附金」も、高久門下生に手厚いという。この寄附金は「研究者にとって国や大学の監視が緩い、使い勝手のいいカネ」（前出全国紙記者）。

高久が研究財団の名誉理事を務めるファイザーが一二年度に大学や医師に支払った研究費の総額は約二百四十億円。このうち約二十億円が奨学寄附金として支払われ、自治医大だけでも二十六件、総額約一千三百万円の寄附を受け取っている。また、講演料や原稿料としても延べ五十件ほどの支払いを受けた。このほかに、「東大の高久派にも配られている」(同前)のだ。また、ファイザー社の約九十五億円の臨床試験費について、内訳は公表されていない。「バルサルタン事件」で問題になっているのは、まさにこの臨床研究であり、奨学寄附金の「闇《やみ》」なのだ。

※

近年、高久が仕切る自治医大と東大第三内科は窮地に陥った。

それは「地域枠制度」の拡大だ。地方の医師不足を受け、多くの医学部が卒業後の地元での勤務を条件に、一般入試とは別枠で学生を合格させる制度を始めた。二〇一五年度の入試では、七十の医学部が採用し、総数は一千五百四十一人だった。医学部定員全体の一七%である。

特に、この傾向は医師不足の深刻な地方で強い。例えば札幌医大では定員百十人のうち、九十人、旭川医大は百二十二人中、七十二人、福島医大は百三十人中、六十人、奈良県立医大は百十五人中三十八人が地域枠である。

自治医大が毎年二名程度の学生を引き受け、僻地医療に従事する医師を養成する必要性はなくなった。財政難に喘《あえ》ぐ都道府県は、毎年、自治医大に支払う一・三億円程度の地方公共団体負担金を削りたい。

ところが、高久と幹部たちには危機意識はない。相変わらず、僻地医療をお題目に、卒業生を使った金儲《かねもう》けと自らの出世に熱心だ。

例えば、地域医療振興協会には、国立大学医学部並の毎年六十億円以上の補助金が支払われているが、進出が目立つのは首都圏で、福島県浜通りなど医師不足が深刻な地域に貢献しているという話は聞かない。儲からないところはやる意味がないのだろう。

医学界で出世するには論文が必要だ。臆面《おくめん》もなく、そのことをひけらかす。例えば、〇七年七月に間野博行教授らが肺がんの原因遺伝子を発見したケースだ。マスコミにリリースし、大きく報じられた。確かに、癌《がん》患者にとって福音だが、福島のような僻地を放っておいても、やるべきことだろうか。

間野は東大第三内科出身で、高久の愛弟子《まなでし》だ。その後、東大教授に栄転した。「自治医大を高久一派の『出世の踏み台』に使っている」（自治医大卒業生）状況は変わらない。

間野の事例は、まだいい。高久一派の問題は、研究も真面目《まじめ》にやっていないことだ。「製薬企業の営業のような研究」（東大教授）が多い。

例えば、ノバルティスファーマ社（ノバ社）が販売する降圧剤をめぐる研究不正事件で、データ改竄《かいざん》の可能性を指摘された小室一成・東大循環器内科教授、同じくノバ社が販売する白血病治療薬の臨床試験で、患者情報を無断でノバ社に渡していた黒川峰夫・東大血液・腫瘍《しゅよう》内科教授は、第三内科の出身で高久一派だ。何《いず》れも製薬企業からの奨学寄附金と引き替えに、便宜をはかった。

この件はマスコミが大きく報じ、小室・黒川は世間からバッシングを浴びたが、現在も教授職にしがみついている。そして、高久も、彼等の対応を黙認している。

流石《さすが》に、高久一派の傍若無人な振る舞いには、自治医大学内やOBからも批判が相次いだ。そして、危機が訪れた。一二年三月の高久の自治医大学長の任期切れだ。自治医大OBは卒業生を学長に推した。ただ、最終的に選出されたのは永井良三・東大教授（当時）だった。永井も東大三内出身で、高久の教え子だ。専門は循環器で小室の前任教授である。医療業界誌の記者は「（問題を起こした小室らは）そのうち自治医大の幹部として引き取るのでしょう」という。

これが自治医大を財布に日本の医学界を牛耳る高久一派の実態だ。世間が何と批判しようが、一度摑《つか》んだ利権は手放す気はない。そこに患者目線はない。そろそろ、本気で解体を考えた方がいい。

トクホ（特定保健用食品）の闇《やみ》

メーカーぼろ儲《もう》けの「健康詐欺《さぎ》」商売

「トクホ」ブームが再来している。一九九一年に始まったトクホ制度は右肩上がりに成長を続け、市場規模は二〇〇七年に約六千八百億円に上った。

しかしその後、ある「事件」をきっかけに減少に転じていたが、ここにきて追い風が吹いているのだ。

「二〇一二年から始まった『炭酸トクホ戦争』に加え、二〇一三年春発売のコーヒーが市場に活気を取り戻した」

大手飲料メーカー関係者はこう語る。しかし、製薬会社で研究に携わった経験もある関東の医学部教授はこう批判する。

「経口摂取して血圧を下げたり、血糖値に影響を与えたり、脂肪を減少させるとすれば、それはもはや医薬品。トクホは巧妙に効果を粉飾しているだけだ」

効果があるかのようなイメージだけで、ただの食品や飲料がドル箱商品に化ける「トクホ」は、食品メーカーにとって文字通り「美味《おい》しい」商売。メーカーと官僚、学者はもちろんメディアまでが結託して詐欺商売を続けている。

「ただのコーヒー」に健康効果

「再発売に向けて総合的な取り組みを進めています」

家庭用品国内最大手の「花王」は、二〇〇九年に製造・販売を中止した食用油「健康エコナ」について、ホームページでこう掲げている。食用油でありながら「体に脂肪がつきにくい」ことを謳《うた》ったエコナは、一九九九年の発売以降年間数百億円の売り上げを誇ったヒット商品だった。しかし、二〇〇九年に体内で発癌《はつがん》性物質に変わる物質が含まれていることが発覚した。

「体にいいと宣伝していた商品に危険な成分が含まれていたことが痛恨事だった」

ある食品メーカー研究員は語る。公益財団法人「日本健康・栄養食品協会」は二年ごとにトクホ市場の調査を公表しているが、それまで拡大一辺倒だった市場規模は、二〇〇九年に前回調査と比較して一千三百億円以上も下落してしまう。「トクホを牽引《けんいん》してきた花王の失態で全体のイメージが毀損《きそん》した」（同前）ことが要因とみられている。一一年の調査では下げ幅が鈍化したが、市場規模は五千二百億円に届かなかった。

「花王はエコナの反省の上に立っていない」

前出研究員は批判する。花王から一三年四月に発売された「ヘルシアコーヒー」について、その効果に疑問符がついている。ヘルシアコーヒーの場合「二重の欺瞞《ぎまん》」によって消費者を攪乱《かくらん》しているという。

「ヘルシア・シリーズ」は、〇三年に発売された「ヘルシア緑茶」を筆頭として、体内の脂肪を燃焼することを売りにした大ヒット商品だ。関連商品を含めると「年間三百億円以上」（業界関係者）を売り上げる。これまでの商品は一貫して、内容成分の「高濃度茶カテキン」の働きにより体内の脂肪を燃焼しやすくすると謳ってきたが、今回のヘルシアコーヒーは「高濃度クロロゲン酸」の作用により脂肪を減らすとしている。

しかし、「高濃度」としているクロロゲン酸の濃度に疑惑がある。クロロゲン酸とはポリフェノールの一種で一般的にコーヒーに含まれている物質だ。ヘルシアコーヒー（百八十五ml）には一本当たり二百七十mgのクロロゲン酸が含まれており、花王のホームページでは「一般のコーヒーの約二倍」としている。しかし、全日本コーヒー協会が公表しているコーヒー一杯（百四十ml）に含まれるポリフェノール類は約二百八十mgだ。

ポリフェノール類にはクロロゲン酸以外にも種類があるため、ヘルシアコーヒーの場合はクロロゲン酸を特に強化しているのかというとそうではない。同商品はトクホ認可の際の評価書には「クロロゲン酸類の添加等は行われていない」と書かれている。つまり、コーヒーを抽出した以上のクロロゲン酸は加えられていない。ヘルシア緑茶の場合は、通常の緑茶に「カテキン」を添加することで濃度を上げていたことを「売り」にしていた。

これを考えれば、前述したヘルシアコーヒーの「クロロゲン酸」と一般的なコーヒーの「ポリフェノール類」はほぼ同じものと言っていいだろう。両者を百ml当たりの含有量で比較すると、前者は約百四十五mg、後者は二百mgで、ヘルシアコーヒーのほうがむしろ少なくなる。

ヘルシアコーヒーの欺瞞はこれだけではない。この商品には「無糖ブラック」と「微糖ミルク」の二種類がある。実は、このうちの無糖ブラックは以前に「リズムライフコーヒー　無糖ブラック」という別の名前でトクホ認可を受けたものと完全に同一の商品なのだ。

「炭酸トクホ」ブームに落とし穴

ヘルシアコーヒーがトクホ認可を受けたのは二〇一一年八月。リズムライフコーヒーは一年以上前の一〇年四月に認可されているが、いまだ発売はされていない。なぜまったく同じ商品にもかかわらず、改めて審査を受けたのか。

理由は表示する健康効果が違うからだ。リズムライフコーヒーは「血圧が高めの方に適しています」として血圧低減効果を狙《ねら》ったものだった。しかしヘルシアに看板を変えた途端にこの謳い文句は雲散霧消してしまった。仮に血圧低減効果が実際にあるのだとすれば、「脂肪を減らして、血圧も下げる」と謳えばいいようなものだ。このことは、トクホを審査する内閣府の消費者委員会の新開発食品調査部会でも俎上《そじょう》に載せられた。

「まったく同じ商品なのに血圧については触れないのか」「高血圧治療を行っている消費者への注意表記はしなくていいのか」

議事録をみると当然の疑問が語られていることが窺《うかが》える。リズムライフコーヒーのトクホ認可で義務付けられた「摂取をする上での注意事項」の表示には「高血圧の治療を受けている方は医師などにご相談の上、飲用してください」とある。降圧剤と併用すると、さも血圧が下がり過ぎて危険かのような錯覚を与える。

しかし、結論から言えばヘルシアコーヒー無糖ブラックにこの表示がないことをみれば、そもそも高血圧改善効果自体がインチキであったことが明らかだろう。

「ヘルシアコーヒーがトクホ飲料で、売上本数第1位を達成！」

一三年九月二日、花王はメディア向けにリリースした。同年四月から七月までの販売本数が三千七十九万本に上ったという。また、初年度出荷目標を百五十万ケースから一気に二倍の三百万ケースに上方修正した。一ケース三十本詰めなので、希望小売価格（百四十九円）ベースで約百三十四億円になる計算だ。花王は、新たな「詐欺ドル箱商品」を生み出したのだ。

花王は、前述した「エコナ回収騒動」で、消費者からの事前の指摘への対応が後手に回ったことで傷口を広げた。一三年、子会社のカネボウが化粧品の白斑《はくはん》被害で商品回収を行い、花王の澤田道隆社長が謝罪したが、対応が遅く被害を拡大させた。消費者を欺《あざむ》いて儲けるのは花王のビジネス哲学か。

九月十日、アサヒビールの子会社であるアサヒ飲料は「三ツ矢サイダー　プラス」を発売した。これは同社が保有する老舗《しにせ》看板である三ツ矢サイダーで初めてのトクホ飲料となる。花王のコーヒーと同様に、トクホ市場を席巻《せっけん》しているのが炭酸飲料。一二年、一億本以上を売り上げたキリン「メッツ コーラ」の爆発的ヒットを皮切りに各社が乗り出している。

これらに共通する成分が「難消化性デキストリン」だ。デキストリンとはグルコースが繋《つな》がった有機物で、トクホに使用されているのは平たく言えば食物繊維である。これを使った商品には必ず「難消化性デキストリン（食物繊維として）」と表記される。

この成分のトクホとしての歴史は古い。現在消費者庁が公表している一千以上のトクホ商品のうち、一九九七年に認可されたデザートがすでにこの成分を含んでいる。ただし、このときは「おなかの調子をととのえる」効果が認められたものだ。その後「糖の吸収をゆるやかにする」という効果が加わり、今度は「脂肪の吸収を抑える」というものまで加わった。さながら「夢の医薬品」だが、これを含む商品は飲料からデザート、柿《かき》の種まで三百品目を超える。

「医薬品論文捏造《ねつぞう》」と同じ構図

トクホ商品について疑問を呈している群馬大学教育学部の高橋久仁子教授（食物

学）の調査によると、トクホコーラの宣伝には大きな問題がある。「メッツ コーラ」などが掲げる「脂肪の吸収を抑える」という宣伝の根拠となる学術論文はどれも同じだ。難消化性デキストリンのメーカーである松谷化学工業株式会社による研究論文だ。

これによれば、五十五gの脂質摂取後の糞便《ふんべん》中に含まれる脂質量が、デキストリン摂取群は一・四四g、非摂取群は〇・七七gだったという。

五十五gという尋常ではない量の脂質を摂取して、最終的な差はわずか〇・六七gだが、統計的に有意だとのこと。たったこれだけの差で「偉そうに脂肪の吸収を抑えると宣伝している」（高橋教授）のだ。

しかもこの実験の摂取群は十五グラムの難消化性デキストリンを摂取しているが、実際の商品には五グラムしか含まれていない。挙句、注意書きに「一日一本が目安」と書いてある。

「糞便中の脂質量がわずかに多く、その差は統計的に有意でも実用的に意味のある差とは言えない」

高橋教授は、こうした商品の宣伝文句は「詐欺に近い」と怒る。トクホ商品研究にも携わる関西の大学教授は匿名《とくめい》を条件にこう語る。

「トクホにお墨付きを与えてきた学者や監督官庁の責任も重い」

御用学者の筆頭として挙げられるのは、前出の消費者委員会新開発食品調査部会の部会長を務める田島眞・実践女子大学教授（学長）だ（二〇一三年十月から部会長は阿久澤良造氏）。この部会では、ヘルシアコーヒーの件をみても分かる通り、一見厳格な審査がなされているようにみえるが、最終的にはメーカーが望む効果で認可が下りてしまう。

部会を取り仕切る田島氏は、かつて納豆の痩身《そうしん》効果を捏造して打ち切られたテレビ番組「発掘！あるある大事典Ⅱ」で怪しいコメントを寄せていたという。同番組は花王の一社スポンサーだった。

トクホを所管する消費者庁は、現状の問題点を放置し続ける。

前出の日本健康・栄養食品協会は、トクホに代表される健康食品を扱うメーカーなどが集まった公益財団法人だ。一〇年から理事長を務めるのは下田智久氏。厚生労働省の健康局長を務めた人物だ。同協会の評議員にも、別の公益法人に天下りした元厚労キャリアがいる。トクホは、〇九年に厚労省から消費者庁に監督官庁が移管されたが、実際には厚労省からの出向組が牛耳っている。

「日本の医学界を揺るがしている医薬品の論文捏造と構図は同じ」

全国紙科学部記者はこう語る。メーカーからの研究費を受け取り、データを都合よく解釈するだけなのだ。医薬品より審査の緩いトクホの認可取得は、赤子の手をひねるようなものだろう。

制度改悪で拡大する詐欺商品

メディアはこうした事実を伝えぬばかりかトクホ商品を礼賛《らいさん》するだけだ。ある雑誌記者が語る。

「トクホの問題点を取材したが編集部で潰《つぶ》された。大スポンサーである花王には弓を引けない」

長年トクホの詐欺商法に警鐘を鳴らし、二〇一一年亡《な》くなった鈴木正成《まさしげ》氏（筑波大学名誉教授）は生前、「トクホで効果が認められそうなのは整腸効果だけだ」と語っていた。ヨーグルトに代表される乳酸菌食品を摂取した場合に排泄《はいせつ》がスムーズになることだ。逆に言えば、それ以外はほとんどが「ただの食品をさも医薬品のように偽装している」と批判していた。

しかし、事態は鈴木氏が危惧《きぐ》したよりも悪化しようとしている。一三年六月、政府の規制改革会議は食品の機能性表示に関して規制を緩めることを答申した。これまではトクホと栄養機能食品（サプリメント等）にしか認められていなかった機能性表示を、得体の知れない「健康食品」にも認めようというのだ。これに加担しているのが、同会議委員の森下竜一大阪大学大学院教授であり、典型的な食品業界の御用学者である。

この規制緩和が実現すれば、トクホとサプリについてもこれまで以上に拡充される方針だ。トクホを含めた健康食品市場は一兆八千億円に上る。「規制緩和」を錦《にしき》の御旗《みはた》に、今後は「血液をサラサラにする」といった怪しい表示が合法化されることになる。

産官学とメディアが一体となったインチキ商売が拡大しようとしている。

※

本稿掲載時に危惧していたことはあっさりと具現化してしまった。二〇一三年に規制改革会議によって答申された食品の機能性表示が一五年四月から実施された。怪しいながらも臨床研究によって「根拠」のあるトクホ。そのトクホでさえ、「詐欺商法」であると断じているにもかかわらず、トクホにも劣る「ただの食品」に機能性表示が認められるようになったのだ。

メーカーは、販売の六十日前までに消費者庁に対して、当該食品の「安全性」「機能性の根拠」についての文書を届け出ることによって「おなかの調子を整える」「脂肪の吸収を抑える」などといった文言を商品に表示することができる。認可さえ受けずに、届け出るだけで特定の効能を持つかのような「大嘘《おおうそ》」を堂々と掲出している。すでに三百品目以上の商品が届けられ、「中性脂肪を抑える」「精神的ストレスを緩和する」「見る力を維持する」「膝《しつ》関節の曲げ伸ばしを助ける」などという医薬品と見紛《みまが》う効能を表示した商品が店頭に並び、消費者を騙《だま》している。

この制度が導入された理由は大きく分けて二つある。一つ目は「トクホの頭打ち」。日本健康・栄養食品協会が発表しているトクホの市場規模は、〇七年に六千七百九十八億円というピークを記録した後に、減少に転じた。一一年には五千百億円台にまで落ち込んでいる。一三年、一四年には「脂肪」にターゲットを絞った商品がヒットして回復したが、それでも六千億円台を回復したにすぎず、これ以上の成長は望めない。そのために、「機能性表示食品」というトクホに付随する市場を作り出したのだ。現に、この制度を使っているメーカーとトクホの業者は重なっている。

二つ目の理由は、「ネット業者の要望」だ。楽天市場に代表されるネット通販業者。

こうした業者の中には、「痩《や》せる」「関節が楽になる」といった根拠のない売り文句が当たり前のように使われていた。これを規制するのが消費者庁や厚生労働省の仕事だった。しかし、前述した規制改革会議では通販業者から機能性表示の要望が出て、これをあっさりと政治が認めてしまった。さながら居直り強盗である。

「騙されるほうも悪い」というのは詐欺の被害者を貶《おとし》める常套句《じょうとうく》だが、国がお墨付きを与えて詐欺を行っているのであり、情報弱者の消費者を責めるのは酷だろう。「健康になりたい」という素朴な願望に付け込む悪質な「詐欺商法」が拡大の一途をたどり、メーカーだけが高笑いを続けている。

児童養護施設

ドラマの比ではない「犯罪行為」の巣窟《そうくつ》

「地獄から抜けたと思ったら、ついた場所は別の地獄だった」

埼玉県内の児童養護施設で八歳から十八歳までを過ごした二十代前半の男性は、絞り出すように語った。

現在は、工事現場の警備員をして糊口《ここう》を凌《しの》ぐこの男性は、幼い頃に実の親からの虐《ぎゃく》待《たい》を受け、児童相談所に保護された。その後高校卒業まで私立の施設で育ったが、職員や他の入所児童からの壮絶ないじめを受けたという。

児童養護施設を舞台とした日本テレビのドラマに対する批判が出てCM放映が見合わされたことは記憶に新しい。抗議をしたのは、いわゆる「赤ちゃんポスト」を設置する熊本市の慈恵病院と全国児童養護施設協議会。

しかし、北関東の児童養護施設で働いていた元職員は「協議会はどの面《つら》を下げて抗議できるのか」と憤《いきどお》る。恵まれない境遇にいる子どもを社会で育てる。極めてシンプルな役割を担《にな》う児童養護施設の現場は、ドラマ以上の壮絶な状況にある。

拡大再生産される「虐待」

児童養護施設とは児童福祉法に定められた福祉施設で、全国に五百八十九カ所あり、定員は三万四千人余り。二〇一三年三月時点で、全国で二万九千百十四人の児童が入所している。かつては「孤児院」と呼ばれ、現在でも保護者のいない児童が保護されているが、両親の死亡、もしくは行方不明で入所している児童は三千人近く（〇八年）で、全体の一割程度に過ぎない。一方で入所児童のうち五三・四％（同）を占めるのが被虐待児、つまり実の親をはじめとする身近な人間の虐待から保護された児童だ。県、市町村などの自治体が運営するものもあれば、社会福祉法人や宗教法人など民間が運営する施設もある。施設によってその環境は千差万別だと断ったうえで、前出元職員が語る。

「一部の恵まれた施設を除いて、ほとんどの施設でなんらかの暴力が恒常的に行われている」

児童養護施設での暴力は、職員から子どもへのものだけではない。冒頭の施設出身男性は、「ありとあらゆる暴力を受け、目撃してきた」と重い口を開く。

小学校低学年の頃から、とかく職員の「せんせい」は恐怖の対象でしかなく、約束事を破ったなどとして暴力を受けた。約束というのも就寝前に歯を磨くのを忘れたといった些細《ささい》なことで、廊下に正座させられ、時には殴られた。

仲間であるはずの入所児童も敵だった。年長者からは恒常的にいじめ抜かれ、成長するとともに暴力はより過激に、陰湿になった。この男性は、通学していた学校ではいじめの対象になることはなかったため、とにかく学校に長時間居残り、毎日施設に帰るのがいやだったという。

また、中学生、高校生になると、児童が職員に対して暴力を振るうこともあった。特に若い女性職員がターゲットになりやすい。すぐに辞めることも多く職員の入れ替わりは激しかった。

この男性の経験したことは珍しいことではなく、時折事件化してこれまでも問題になってきた。深刻だったのは、一九九五年に発覚した千葉県の恩寵園《おんちょうえん》事件や、九八年に愛知県東海市の私立施設で入所中の児童が集団暴行を受けた揚げ句に障害が残った事件だ。

こうした例では施設運営者側に問題のあるケースが多い。二〇〇五年に発覚した長崎県島原市の太陽寮の事件では、施設長が二千八百万円を横領していたほか、入所女児への性的暴行で告発された。〇九年には神奈川県の幸保《こうぼ》愛児園でも、施設長らによる使い込みや、児童への虐待が行われていたことがわかっている。

これらは氷山の一角だ。たとえば、福岡市内のある施設では最低限の職員しか置かずに人件費を切り詰めている一方、園長が暴力団と見まごう黒塗りの外車を乗り回しているという。

愛知県内の私立の施設では、運営する社会福祉法人理事が関係する食料品店からのみ随意契約で物品を購入している。「より安いルートがあると訴えた職員があっという間にクビになった」（施設関係者）という。児童養護施設に補助金を払っている自治体の監査は形だけで、なぜか市の福祉課ＯＢが事務長に天下っている。

施設協議会の会長を務める鳥取こども学園施設長の藤野興一氏は〇七年の厚生労働省の委員会で、施設内での虐待の存在を認めたうえで「暴力事件を起こした施設職員を排除しても起きてしまうのは、やはり構造的な問題にほかならないわけです」と発言している。

また、厚労省からの改善通知が出ても「全然守られていない」とうちあけ、こう語っている。

「皆さんがどの程度と思っておられるかわかりませんが、本当に壮絶に近い状態だと私は思っています」

これは正直な現場の声なのだろう。一般に虐待を受けて育った子どもは、将来、自らの子どもに虐待を行う傾向が強い。「虐待の連鎖」が施設でも拡大再生産されているのだ。

施設における「性的暴行」の闇《やみ》

児童養護施設の闇はさらに深い。養護施設にボランティアで携わり、出身者のその後のケアも行っている精神科医が語る。

「施設の中では力の暴力だけではなく、性的な暴力があらゆる方向に向かってぶつけられている」

職員から児童への性的暴行は、ときおり表沙汰《おもてざた》になる。二〇一二年十一月、栃木県野木町の社会福祉法人が運営する施設で、入所中の少女に対して職員がみだらな行為をしていたことが明るみに出た。少女は恒常的に性的虐待を受けていたとみられ、地元の下野《しもつけ》新聞の報道によれば、被害を別の職員に訴えていたにもかかわらず施設側は事実を隠蔽《いんぺい》して児童相談所への通告を怠っていた。

一四年二月には、岡山県の児童養護施設で、職員が男子児童の下半身を触るなどの虐待をしていたとして処分され、施設運営法人に改善勧告が出された。

病理の本丸は表沙汰にならない「児童から児童、児童から職員への性暴力」（前出精神科医）だ。

「性器舐《な》め」という、聞くだにおぞましい言葉がある。施設に入所している児童が、別の児童の性器を舐めるのだ。前出の元職員がいた施設では、小学校高学年から中学生の男子児童の間で行われていた。この元職員が語る。

「もちろん発覚すれば指導されるが、かつては『仕方のない悪習』程度の認識だった」

大抵の場合、集団の中で上位にある児童から、下位の児童に強要されるものであり、あからさまな性的虐待だ。

また、男女は別々の居室、棟に分けられているとはいえ、全体で五十人をこえる大きな施設では、監視の目が届かない。前出の施設出身男性は、中学生の時に入所女子児童が集団で、ある男子に性的いたずらをしているのを目撃した。

「入所男子児童から女性職員へのレイプも珍しいことではない」

前出元職員は語る。一九九七年の児童福祉法改正により、それまで十五歳までだった入所年限は、十八歳（事情によって二十歳まで延長可能）に引き上げられた。これはもちろん必要な措置だったのだろうが、十代後半の男子は法律上は児童だが、肉体的には一人前の男である。しかも「幼少期から虐待を受け暴力が周りにある環境で育ったことから、性的欲求を暴力的に満足させる児童も少なくない」（前出元職員）という。

前出の精神科医は、児童から性的暴行を受けて施設を辞めたという女性のケアを続けている。本人の了承をとり、間接的にではあるが当時の状況を再現すると以下の通りだ。

群馬県内にあったその施設では、夜間当直は二人体制と決められていたが、実際には人手不足のため常に一人で行われていた。ある日、夜間見回りの後に当直室で仮眠をとっていた際、突然目と口を塞《ふさ》がれて、二人以上の男児に暴行を受けた。しかも、施設デジタルカメラで写真を撮られ、その後二人の児童とは継続的に関係を強要され、施設の内外で性交を続けた。結果として、精神を病んだこの女性は、「鬱病《うつびょう》」の診断を受けて施設を退職した。

ぬぐい難い「隠蔽体質」

「性的暴行の被害者は、精神的に病み、自傷行為を繰り返す例も多い。入所児童への性的暴行も含めて対策が必要だ」

前出精神科医はこう訴えるが、実際には性暴力の実態は、通常の暴力、虐待以上に見えにくい。施設による隠蔽に加え、被害者が口を閉ざせば真実は永久に闇の中だ。

施設、職員による隠蔽は、染《し》みついた体質だ。児童養護施設を取材したことのあるフリーライターは、「施設内で子どもの話を聞いても、どこかオブラートに包まれたような、杓子《しゃくし》定規な答えしか返ってこない。職員から余計なことを話すなと直接言い含められているか、職員の目を気にして自主規制しているという印象だ」と語る。

施設内での虐待を防止するために、二〇〇八年に児童福祉法が改正されて、虐待事案の通告制度が設けられたが機能していない。養護対象児童への虐待を「被措置児童等虐待」と定義し、これを発見した場合に速やかな通告を義務付けた。虐待を発見するのは職員か児童だが、実際に子どもが県や市などの自治体へ通告することは難しい。窓口だけではなく、手紙などでの通報も可能だというが、「犯人探し」を恐れて動けない。

職員が虐待を隠蔽するケースは、いくつかの類型がある。児童養護施設だけに限らず、どの組織でも起きうるパターンは、「保身と無関心」（前出元職員）。自身の管理責任や、施設全体の責任を取らされることを回避する前者と、そもそも面倒なことに巻き込まれたくない後者だ。

児童養護施設ならではの根深い「隠蔽」があると語るのは前出の精神科医だ。

「子どもを守ろうという意識が倒錯して、事実を内に抱え込む職員が多い」

前述した、性的暴行を受けた女性職員のケースでも、本人はレイプ被害者であるにもかかわらず、「自分が至らなかったために児童が過《あやま》ちを犯した」という意識が強い。しかも犯罪行為を受けてもなお「子どもを守らなければ」という考えが強く、結果として精神を病むまでに至った。

マンパワー不足が原因

「児童養護施設が抱える問題を解決する手段はただ一つ。職員の待遇を改善したうえで、増員もすること」

前出の元職員はこう語る。二〇一四年一月に、日本テレビのドラマに抗議を行った全国児童養護施設協議会は、図らずもマンパワー不足を自ら吐露している格好だ。

協議会側は「ドラマを見た施設の子どもが自傷行為に及んだ」と抗議し、日テレの「子どもにお詫《わ》びします」という言葉を引き出した。この自傷行為の詳細は不明だが、施設内を管理監督する体制がないことを白状したも同然だ。

真に子どものことを思う熱心な職員が少なからずいることは動かしがたい事実だが、一方で人手不足は恒常的で保育士の資格を持った専門職員の定着率も悪い。

現在、国や県が折半している予算（措置費）や市町村が独自に支給する補助金は、入所している保護児童の人数をベースに算出される。一方、児童養護施設経営で最大の支出は人件費だ。ここを削ることは経営を安定化させる上で一番手っ取り早い。福岡県の社会福祉法人幹部が語る。

「少ない予算の中で最大限の人数を確保する施設がある一方で、いつまでたっても職員の数を増やさない施設も多い」

前述した外車を乗り回す施設長が典型的な例だという。最近は小規模グループホーム型の養護施設が増加傾向にあるとはいえ、厚労省調査によれば、二十人以上の児童が入居する「大舎」と呼ばれる施設は全体の五〇％（一二年三月）を占めている。また、職員の待遇も決していいとはいえず、非常勤職員の占める割合が高い。

最大の不幸は、虐待から逃れた子どもに施設や経営者を選ぶことができないことだろう。前出の元職員は諦《あきら》めたようにこう語る。

「きれいごとは言うものの、『捨て子』を皆で見捨てているだけ」

ある県の福祉畑を歩いた元幹部はこう語る。

「『それなりの保護』をしようとする限り、虐待の連鎖は止まらない」

「施設の子どものほうが恵まれている」と言われるくらいの保護を実施する施策が必要だという。

少子化のいま、不幸な子どもをどう救うか、将来に向けた国の覚悟が問われている。先進国日本で、いまも数万人の子どもが施設に入り、新たな暴力の恐怖におびえている。そのことを国民ひとりひとりが考えるべきだろう。

※

この間、児童相談所への虐待通報件数は増加し続けている。二〇一五年十月に厚生労働省が発表したデータによると、一四年に全国二百七ガ所の児相が「虐待相談」として対応した件数は約八万九千件に上った。前年から一万五千件余り増加しており、市民による通報の増加に合わせるように児相の職員の拡充が行われていることもあり、行政として虐待への対応状況は改善傾向にある。もちろん、中には虐待の相談を受けながら、職員の怠慢により当該児童が自殺するという痛ましい「事件」も起きてはいるが、定期的にクローズアップされる「虐待事件」によって、初動対応の体制は整備されつつある。

しかし一方で、被虐待児童を最終的に受け入れる児童養護施設の状況はあまり変わっていないようだ。

「入り口の児相の状況が多少改善したところで、受け皿となる養護施設のほうは時間が止まったようだ」

南関東で児相事案に関与するカウンセラーの一人はこう嘆息する。このカウンセラーは、複数の児童養護施設でのケアに携わっているが、この二年間で収容される児童の数が増加していると語る。これは、児相や警察の関与などにより家族からの虐待という悲惨な場所から救われている人数が増えていることを示しているが、そうした子どもたちが以前のままの養護施設に放り込まれていることをも示している。これでは、状況はかわらないよりもむしろ悪化しているとさえいえるだろう。

また、「虐待の事実をあっさりと認めた挙句に、すんなりと親権を放棄して児童養護施設入所を受け入れる親が増えている」（前出カウンセラー）というのも最近の傾向として現場の人間が感じている現実だという。時代錯誤の「捨て子」が二十一世紀の少子化の日本で増加しているのは紛れもない事実なのだ。

「熱意のある人ほど燃え尽きてしまう」

北関東のある児童養護施設関係者はこう語る。この傾向は、ただでさえ十分でない施設の現状を劣悪化させる負のスパイラルを招く一因になっている。

保育園問題などについては、簡単な解決策がないとはいえ、政治家が率先して取り組みをアピールする。しかし一方で、現在も三万の子どもが暮らしている児童養護施設については、エアポケットに入り込んだように忘れ去られている。これが少子化している日本の現実なのだ。

解説

橋本大二郎

わが家でも、「選択」を定期購読しているが、シリーズ「日本のサンクチュアリ」を毎回読んでいるわけではない。そこでこの機会に、改めて聖域に足を踏み込んでみると、自らの経験と照らして、思い当たる節のある聖域がいくつか目についた。いずれもしばらく前に書かれた記事だが、最近になって、それらの聖域には新しい動きが出ている。それは、何年かたったくらいでは、賞味期限の切れないようなテーマが、聖域の対象として選ばれてきた証《あかし》だろう。

二〇一六年の夏は、ネタ涸《が》れを感じさせない夏だった。まずは、舛添《ますぞえ》前東京都知事の政治資金をめぐる問題で、ザル法と言われる政治資金規正法の網をくぐり抜けた舛添氏が、「違法性はないが不適切」という、世論の網に絡《から》めとられて、辞任に追い込まれた。その後行われた都知事選挙で、突如脚光を浴びたのが、これまでは都民の目に触れることもなかった自民党東京都連で、ついには、「都連のドン」と呼ばれる人物にまで、都民の関心が向くことになった。

その自民党東京都連を、ブラックボックスと呼び、闇《やみ》に埋もれた利権の構造を暴くと訴えて、見事知事の座を射止めたのが小池百合子《ゆりこ》氏だった。それを思うと、実に先見性のあるテーマ設定だったと感心をしながら、「自民党東京都連　党本部も手を出せぬ『利権の伏魔殿』」と題した記事を読んでみた。すると、聖域の広さに違いはあっても、その構造は、全国どこの自治体でもあまり変わりのないことに気がついた。

「指名競争入札であれば、指名業者に入れるように（中略）担当者にねじ込む（都議会関係者）」といったくだりを読むと、多くの読者は、力技で役所をねじ伏せて、業者から裏金を受け取る議員の姿を思い浮かべるだろう。だが、構造はそれほど簡単なものではない。というのも、一定の基準で定めた指名業者の枠を、正当な理由もなく広げることには、職務権限を負った自治体の職員もかなりのリスクを感じるからだ。

当然、議員の側もそのリスクを知っているので、いきなり個別の企業の名をあげて、指名に入れろと働きかけるわけではない。「今回の施工には、環境対策の技術が必要だし、地元への経済効果も考えないといけない」などと持ちかけて、意中の企業に参加の資格が与えられるよう、暗に迫るのだ。そんな時、手慣れた職員なら、議員の意中の企業が指名に参加できるよう、発注の仕様書に手心を加えてくれる。そこには、知事にも見えないブラックボックスがある。

議会と知事との間には、もう一つ、世間にはあまり知られていない力関係がある。それは、知事の提案した人事案件を、人質案件に変えてしまうという荒業だ。どういう意味かというと、副知事など、首長の片腕になる特別職を選任するには、議会の同意が必要だ。このため、議会の多数派をまとめる力のあるドンは、人事案件を認める代わりに我々の言うことを聞け、さもないと副知事人事には同意をしないと、「人事」を「人質」にとってしまうのだ。

「都連のドン」の武勇伝の中にも、「猪瀬《いのせ》氏の副知事就任に反対した」自民党都議団に対して知事側が、「猪瀬氏が特定の所管を持たないという条件で同意を取り付けた」との記述があるが、副知事人事を人質に、何らかのやり取りがあったことは想像に難くない。

加えて、東京都の一般会計予算は、「中規模国の国家予算にも匹敵する」から、予算の割り振りを実質的に差配する、多数会派を牛耳るドンは、ますますその力を強めることになる。築地市場の豊洲《とよす》への移転をはじめ、二〇二〇年の東京オリンピックに向けて、莫大《ばくだい》な資金が動く東京で、小池知事はどう立ち振る舞うのか、日本の聖域「自民党東京都連」に目を通すと、東京問題への興味と関心は倍増してくる。

小池知事が就任した三日ほど後に、ブラジルのリオ・デ・ジャネイロで、オリンピックが始まった。日本選手の大活躍もあって大いに盛り上がったが、オリンピック旗が東京に引き継がれたことで、次なる聖域、「スポーツマフィア 電通」の活動が本格化する。

この聖域は、国体を主催するもう一つの聖域、「日本体育協会」と境を接しているが、高知県知事の時代に国体には手を焼いた。知事になって間もない頃、さしたる疑問も抱かないまま、高知国体の開催に手をあげたが、開催年の二〇〇二年が近づくにつれて、国体はとんでもない仕掛けだと気付くようになった。

国体の開催にあたって日本体育協会は、聖域と呼ぶにふさわしい殿様ぶりで、開催県の知事は、東京の本部に出かけて開催の決定をお願いするのだが、各競技団体の上から目線も、同じ様なものだった。国体の開催規則を盾に、競技会場の改修を指示してくるのだ。例えば、県内の射撃場は、開催規則に照らすと、陽の光の差し込む角度がずれているので、射撃場の位置を変えてほしいとか、室内球技のコートのラインと体育館の壁との距離が、開催規則の定めより短いので、体育館を全面改修してほしいと、当たり前のように言ってくる。

安全上の問題があるのならともかく、その心配がなければ、後は競技の公平性が保たれれば十分だ。それなのに、規則だからと言って、多額の予算のかかる改修を平然と求めてくる、こんなことが、長年繰り返されてきたのかと唖然《あぜん》とした。と同時に、こんなことをいつまでも続けさせてはいけないと、彼らの聖域にも切り込んだ。

日本の聖域「日本体育協会」には、「まだ使用に堪える用具や判定道具一式があるにもかかわらず、新規に数百万円で購入した」事例が紹介されていて、「競技団体と、用具メーカーや納入業者はべったり。国体を口実に、中央競技団体からの要請もあって、新調させるのだろう」との解説がつけられていた。さもありなんと腹が立つが、さらに、何とかならないかと感じたのが、開会式に消える多額の企画・運営費だった。まさに大手広告代理店の聖域で、「電通でなければ五輪が動かせない」のと同じような常識が、全国の国体に受け継がれている。

リオオリンピックの後半戦では、バドミントン女子ダブルスの高橋・松友ペアが、この競技では日本人として初めての金メダルを獲得した。バドミントンは、あのオグシオペアの活躍で、企業からの協賛金を得やすいスポーツ団体になったため、国際試合への派遣など、選手の強化に資金を回せるようになったという。それが、今回の金メダルにつながったわけだが、その副作用として、男子の有力選手二人が裏カジノへの出入りを認めて、所属企業から解雇・出勤停止処分を受けるというスキャンダルも起きた。

こうした集金構造について、日本の聖域「スポーツマフィア電通」が指摘しているのが、JOCのシンボルアスリート制度だ。「これは五輪でメダル獲得が期待される選手の肖像権を、JOCに四年間で六億円支払うスポンサーが優先して使える制度」で、表向きは、マイナー競技の選手にも、安定的な収入をもたらすために作られたと説明されているが、実態は、「トップアスリートを電通が囲い込み、広告まで作ろうという制度（スポーツメーカー関係者）」だと、喝破されている。

オリンピックは、我々を、ひと時の興奮の中にいざなってくれる。そんなオリンピックの持つ魔力を実感した後だけに、日本の聖域に描かれた「電通によるスポーツ界支配の功罪」を、見極める日の大切さを感じさせられた。

そのオリンピックのさ中、言外に生前退位のご意向をにじませた、天皇のお気持ち表明の映像が公表された。象徴天皇には、宮中祭祀《さいし》から幅広い公務まで、なすべきことが数多くある。それを全うできるだけの気力と体力を備えている者が、象徴天皇の座にあるべきだ。にもかかわらず、天皇が高齢になった時には、象徴としての行為を限りなく減らしていけばいいというのでは、問題の解決にはならないというのが、天皇のお気持ちだった。

日本の聖域「東宮」には、二〇一二年に、天皇が心臓のバイパス手術を受けた後、「天皇、皇太子、秋篠宮が宮内庁長官を交えて意見交換する『三者会談』が、定例的にもたれるようになった」と記されている。お気持ちの中で語られた、象徴天皇の心得はもとより、このままでは将来、秋篠宮悠仁親王が、男子皇族として一人取り残される現実を踏まえて、女性宮家の創設や女性天皇の可能性にまで、話は及んだのかもしれない。

天皇のお気持ちの中にも、東宮家をはじめとするご家族への思いが込められていた。天皇の終焉《しゅうえん》にあたっては、長い悔やみの儀式と葬儀が続く中、新時代に伴う諸行事が同時に進むため、「とりわけ残される家族は、非常に厳しい状況下に置かれざるを得ません」というくだりだ。聞きようによっては、法の定めに従って、天皇の崩御を待って皇位を継承したら、皇太子妃がその状況に堪えられないのではないかとの、心配りとも受け取れる。

皇太子や愛子さまとの縁から、長くお仕えするだろうと思われていた職員が、早々に東宮を去った。皇太子が子供の頃、七夕の短冊に「ふるえたて」と書いたことを紹介して、これは、寄る年波で震える私の「震えた手」にかけて、病や年齢に負けずに「奮い立て」と励まして下さったのですよ、とNHK記者時代の私に話してくれたような、思いを持った職員が、離れてはいないかと心配になる。

だが、どんなに憂《うれ》えても、時代の歯車は確実に回っていく。適応障害と診断されている皇太子妃も、いつかは皇后になる日がやってくる。そうした中で、より良い道を模索してきた天皇に、「東宮」の人々はどうこたえるのか、いつまでも聖域に閉じこもってはいられない。

このシリーズに取り上げられた聖域は、それぞれ個別の聖域だが、政界、官界、財界、学界などを媒体に、互いに絡み合っている。平たく言えば、天皇の生前退位は、東京オリンピックの元号に関わり、東京オリンピックでのメダルへの期待は、スポーツのビッグビジネス化を促す、そしてそのビジネスを仕切ろうと、政治家がうごめくという構図だ。

読者の皆さんは、それぞれの聖域の根深さと同時に、聖域どうしの絡み合いにも目を向けると、さらに読みごたえが増すだろう。

（平成二十八年八月、ニュースキャスター）

この作品は平成二十六年七月新潮社より刊行された『日本の聖域　この国を蝕むタブー』を改題したものである。

文庫化にあたり大幅に加筆された。

「選択」編集部編

日本の聖域《サンクチュアリ》

この国の中枢を支える26の組織や制度のアンタッチャブルな裏面に迫り、知られざる素顔を暴く。会員制情報誌「選択」の名物連載。

「選択」編集部編

日本の聖域《サンクチュアリ》アンタッチャブル

「知らなかった」ではすまされない、この国に巣食う闇。既存メディアが触れられないタブーに挑む会員制情報誌の名物連載第二弾。

清水　潔　著

桶川ストーカー殺人事件
遺言

「詩織は小松と警察に殺されたんです……」悲痛な叫びに答え、ひとりの週刊誌記者が真相を暴いた。事件ノンフィクションの金字塔。

清水　潔　著

殺人犯はそこにいる
―隠蔽された北関東連続幼女誘拐殺人事件―
新潮ドキュメント賞・日本推理作家協会賞受賞

5人の少女が姿を消した。冤罪「足利事件」の背後に潜む司法の闇。「調査報道のバイブル」と絶賛された事件ノンフィクション。

「新潮45」編集部編

凶　悪
―ある死刑囚の告発―

警察にも気づかれず人を殺し、金に替える男がいる――。証言に信憑性はあるが、告発者も殺人者だった！　白熱のノンフィクション。

福田ますみ著

でっちあげ
―福岡「殺人教師」事件の真相―
新潮ドキュメント賞受賞

史上最悪の殺人教師と報じられた体罰事件は、後に、児童両親によるでっちあげであることが明らかになる。傑作ノンフィクション。

保阪渉
池谷孝司著
子どもの貧困連鎖
蟻地獄のように繋がる貧困の連鎖。苦しみの中脳裏によぎる死の一文字——。現代社会に隠された真実を暴く衝撃のノンフィクション。

押川剛著
「子供を殺してください」という親たち
妄想、妄言、暴力……息子や娘がモンスター化した事例を分析することで育児や教育、そして対策を検討する衝撃のノンフィクション。

NHK「東海村臨界事故」取材班
朽ちていった命
—被曝治療83日間の記録—
大量の放射線を浴びた瞬間から、彼の体は壊れていった。再生をやめ次第に朽ちていく命と、前例なき治療を続ける医者たちの苦悩。

池谷孝司編著
死刑でいいです
—孤立が生んだ二つの殺人—
疋田桂一郎賞受賞
○五年に発生した大阪姉妹殺人事件。逮捕された山地悠紀夫はかつて実母を殺害していた。凶悪犯の素顔に迫る渾身のルポルタージュ。

佐藤優著
国家の罠
—外務省のラスプーチンと呼ばれて—
毎日出版文化賞特別賞受賞
対ロ外交の最前線を支えた男は、なぜ逮捕されなければならなかったのか？　鈴木宗男事件を巡る「国策捜査」の真相を明かす衝撃作。

佐藤優著
自壊する帝国
大宅壮一ノンフィクション賞・新潮ドキュメント賞受賞
ソ連邦末期、崩壊する巨大帝国で若き外交官は何を見たのか？　大宅賞、新潮ドキュメント賞受賞の衝撃作に最新論考を加えた決定版。

北　康利著
銀行王　安田善次郎
―陰徳を積む―
みずほフィナンシャルグループ。明治安田生命。損保ジャパン。一代で巨万の富を築き上げた銀行王安田善次郎の破天荒な人生録。

梯　久美子著
散るぞ悲しき
―硫黄島総指揮官・栗林忠道―
大宅壮一ノンフィクション賞受賞
地獄の硫黄島で、玉砕を禁じ、生きて一人でも多くの敵を倒せと命じた指揮官の姿を、妻子に宛てた手紙41通を通して描く感涙の記録。

佐々木嘉信著
産経新聞社編
刑事一代
―平塚八兵衛の昭和事件史―
徹底した捜査で誘拐犯を自供へ追い込んだ吉展ちゃん事件、帝銀事件、三億円事件など、捜査の最前線に立ち続けた男が語る事件史。

石井妙子著
おそめ
―伝説の銀座マダム―
かつて夜の銀座で栄光を掴んだ一人の京女がいた。川端康成など各界の名士が集った伝説のバーと、そのマダムの華麗な半生を綴る。

井上理津子著
さいごの色街　飛田
今なお遊郭の名残りを留める大阪・飛田。この街で生きる人々を十二年の長きに亘り取材したルポルタージュの傑作。待望の文庫化。

松沢呉一著
闇の女たち
―消えゆく日本人街娼の記録―
なぜ路上に立ったのか？　長年に亘り商売を続ける街娼及び男娼から聞き取った貴重な肉声。闇の中で生きる者たちの実像を描き出す。

日本《にほん》の聖域《サンクチュアリ》　ザ・タブー

新潮文庫　せ－14－3

平成二十八年十一月一日発行
平成二十八年十二月五日三刷

編者　「選《せん》択《たく》」編《へん》集《しゅう》部《ぶ》

発行者　佐藤隆信

発行所　株式会社新潮社

郵便番号　一六二―八七一一
東京都新宿区矢来町七一
電話　編集部(〇三)三二六六―五四四〇
　　　読者係(〇三)三二六六―五一一一
http://www.shinchosha.co.jp

価格はカバーに表示してあります。

乱丁・落丁本は、ご面倒ですが小社読者係宛ご送付ください。送料小社負担にてお取替えいたします。

印刷・二光印刷株式会社　製本・加藤製本株式会社

ISBN978-4-10-127243-6 C0195